KESTÄVÄ YRITYS

Anna Helaniemi
Petri Vilén

KESTÄVÄ YRITYS

Yritysvastuun opas PK-yritykselle

Suomen tietokirjailijat ry on tukenut tämän kirjan kirjoittamista.

Kuvituskuvat: Flaticon. Muiden kuvien lähteet ilmoitettu kuvan yhteydessä.

Kustantaja: BoD · Books on Demand, Mannerheimintie 12 B, 00100 Helsinki, bod@bod.fi
Paino: Libri Plureos GmbH, Friedensallee 273, 22763 Hampuri, Saksa

KL 69.1

ISBN: 978-952-80-9735-8

Sisällysluettelo

Esipuhe

Tämä kirjan tarkoituksena on auttaa sinua tarttumaan toimeen. Luettuasi sen ymmärrät yritysvastuun perusteet ja osaat kehittää liiketoiminnastasi kestävämpää. Kirja auttaa muodostamaan kokonaiskuvan yritysvastuusta ja kestävästä liiketoiminnasta sekä kysymään oikeita kysymyksiä ja etsimään lisää tietoa.

Ottaaksesi yritysvastuun haltuun et tarvitse aiempaa osaamista tai asiantuntijapalveluita, käärit vain hihat ja keskityt olennaiseen. Samalla valmistaudut asiakkaidesi, työntekijöidesi ja rahoittajiesi väistämättömiin kysymyksiin siitä, mitä teet, kun toiminnan jatkuvuutta uhkaavat historiamme suurimmat muutokset.

Yritysvastuu on noussut liiketoiminnan kehittämisen trendiksi 2020-luvulla monista hyvistä syistä. Tietoisuus ilmastonmuutoksen ja luontokadon etenemisestä, ihmisoikeuksien loukkauksista ja muista yritystoiminnan ongelmakohdista on kasvanut. Euroopan Unionissa käydään poliittista vääntöä yritysvastuuta kirittämään tarkoitettujen lakipakettien tulevaisuudesta. Hehkutus voi aiheuttaa vastareaktion ja vellova sääntely turhauttaa. Pitäisikö antaa huuman laantua tai odotella päättäjien yksimielisyyttä ennen asiaan tarttumista?

Yritysvastuussa on kuitenkin kyse paljon ohimenevää ilmiötä merkittävämmästä asiasta. Kestävä liiketoiminta on ainoa vaihtoehto, mikäli aiomme turvata planeettamme elinkelpoisuuden, ihmisoikeudet ja vakaan toimintaympäristön myös tuleville sukupolville.

Tämä kirja on syntynyt nimenomaan pienten ja keskisuurten yritysten tarpeisiin. Sen taustalla on työ omassa yrityksessämme Decade of Action Oy:ssä, jonka missiona on auttaa PK-yrityksiä toimimaan kestävämmin. Yritys perustettiin, kun havaitsimme että vastuullisuuspalvelut ja -työkalut keskittyvät ratkaisemaan suurten yhtiöiden tarvetta. Kehitimme liiketoiminnan kestävyyttä tarkastelevan arviointi- ja raportointimallin, jonka mitoitimme PK-yrityksen arkeen ja resursseihin sopivaksi verkkopalveluksi. Keväällä 2025 Alma Media osti palvelun ja se jatkaa elämäänsä osana Alma Insights -tuoteperhettä.

Ajatus kirjasta syntyi jo yrityksen alkutaipaleella, kun aloimme kerätä asiakkaillemme tietopankkia kestävän yrityksen periaatteista. Valtaosa kirjan materiaalista on syntynyt tarpeesta selittää PK-yritysten johdolle, kehittäjille ja yrittäjille kestävän kehityksen, yritysvastuun ja kestävän toiminnan perusteita. Halusimme säilyttää kirjassa saman periaatteen, joka on ohjannut jokaista keskusteluamme asiakkaan kanssa: kerromme vastuullisuudesta selkeästi, olennaiseen keskittyen, kysymyksiä kysyen ja selkeitä toimintaohjeita antaen.

Kirjan kirjoittaminen ei olisi ollut mahdollista ilman yritysvastuun eri teemojen asiantuntijoiden kanssa käytyjä kymmeniä keskusteluja vuosina 2023-2025, joiden tavoitteena on ollut kehittää yritysvastuun arviointimalliamme. Haluamme kiittää kaikkia teitä, jotka olette antaneet aikaanne ymmärryksemme lisäämiseen. Kiitos myös yhteistyökumppaneillemme EMU Growth Partners ja Alma Insights, jotka olette olleet mukana yrityksemme matkalla ja osaltanne mahdollistaneet työn tämän oppaan parissa.

Kirjan kirjoittamisessa tekoälyä on hyödynnetty kielenhuoltoon ja tekstin yhdenmukaistamiseen. Kaikki teksti on kuitenkin vastuullamme ja mahdolliset virheet ovat omiamme.

Kirjaa ei ole välttämätöntä lukea kannesta kanteen. Olemme rakentaneet kirjan siten, että se koostuu lyhyistä luvuista ja on helposti selailtavissa. Osa teemoista ja ohjeista voi olla sinulle jo itsestäänselvyyksiä ja niiden yli voit hyvin siirtyä seuraavaan teemaan. Kirjan tavoitteena on auttaa hahmottamaan yritysvastuun kokonaiskuvaa sekä pureutumaan yksittäisiin teemoihin tarpeen mukaan.

Kirjan alussa kuvaamme tiiviisti kestämättömän kehityksen aiheuttamia ongelmia sekä kestävän liiketoiminnan perusteita. Ensimmäisen osion päätteeksi olemme kehittäneet yritysvastuun testin, jonka tavoitteena on auttaa tunnistamaan yrityksesi kestävyyden nykytila ja kehityskohteet. Kirjan loppuosan tarkoituksena on tarjota näihin kehityskohtiin taustoituksia, työkaluja ja konkreettisia neuvoja päästä eteenpäin yritysvastuun kehittämisessä.

Ensimmäisen osion jälkeen kirjan rakenne muodostuukin perinteisen yritysvastuun kolmijaon mukaan ympäristövastuuseen, sosiaaliseen vastuuseen ja hallinnolliseen vastuuseen. Aloitamme monelle lukijalle tutuimmasta aiheesta eli yrityksen huolellista hallintoa ja toimintatapoja sekä talouden kestävyyttä tarkastelevasta hallinnollisesta vastuusta. Jatkamme työntekijöiden ja muiden yritysten toimintaan liittyvien ihmisten oikeuksia käsittelevällä sosiaalisella vastuulla. Kolmantena perehdymme ympäristövastuuseen, joka käsittelee liiketoiminnan suhdetta ilmastonmuutokseen, luonnonvarojen kestävään käyttöön ja ympäristönsuojeluun. Kirjan loppuun olemme koonneet joukon lähteitä ja linkkejä, jotka auttavat yritysvastuun kehittämisessä eteenpäin.

Kirjan toimintaohjeet pyrkivät kuvaamaan mahdollisimman selkeästi kestävältä yritykseltä edellytettävää huolellisuutta ja toimintaa haitallisisten vaikutustensa vähentämiseksi. Jos toimenpiteet on tehty, voidaan yrityksen katsoa toimivan kestävästi. Erikseen on kuvattu vielä miten yritys voi kääntää kestävyysteemat kilpailuedukseen.

Kestävän kehityksen laajasta aihevalikoimasta huolimatta yritysvastuussa on kyse usein entuudestaan tuttujen asioiden huolellisesta hoitamisesta. Pyrimme tekemään lukijalle uusistakin aiheista helposti lähestyttäviä, ymmärrettäviä sekä käytännönläheisiä. Luennoimisen ja alan jargonissa kahlaamisen sijaan haluamme herätellä lukijaa tarkastelemaan omaa toimintaansa. Kattavan perehdytyksen aiheisiin saat lukemalla kirjan alusta loppuun, mutta voit myös selailla sitä poimien itsellesi ajankohtaisimmat aiheet. Tärkeintä on, että ryhdyt toimeen.

Helsingissä kesäkuussa 2025,
Anna Helaniemi ja Petri Vilén

KESTÄVÄ KEHITYS

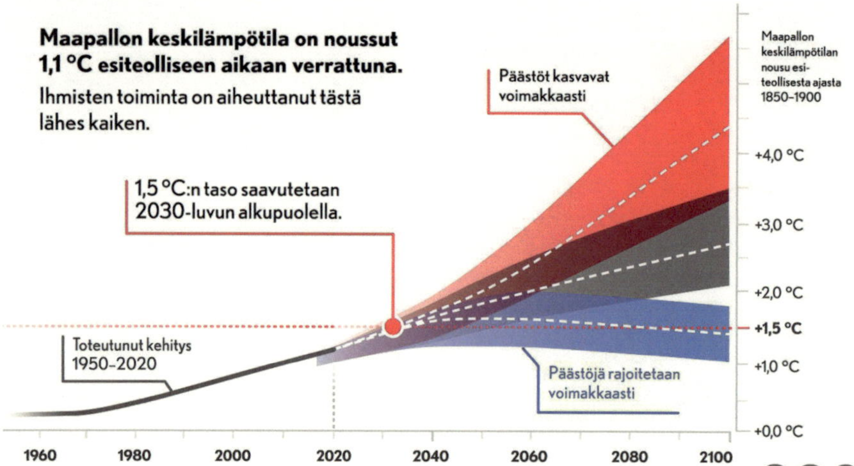
Maapallon keskilämpötila on noussut 1,1 °C esiteolliseen aikaan verrattuna.
Ihmisten toiminta on aiheuttanut tästä lähes kaiken.
Päästöt kasvavat voimakkaasti
1,5 °C:n taso saavutetaan 2030-luvun alkupuolella.
Toteutunut kehitys 1950–2020
Päästöjä rajoitetaan voimakkaasti
Maapallon keskilämpötilan nousu esi-teollisesta ajasta 1850–1900
+4,0 °C
+3,0 °C
+2,0 °C
+1,5 °C
+1,0 °C
+0,0 °C
1960
1980
2000
2020
2040
2060
2080
2100

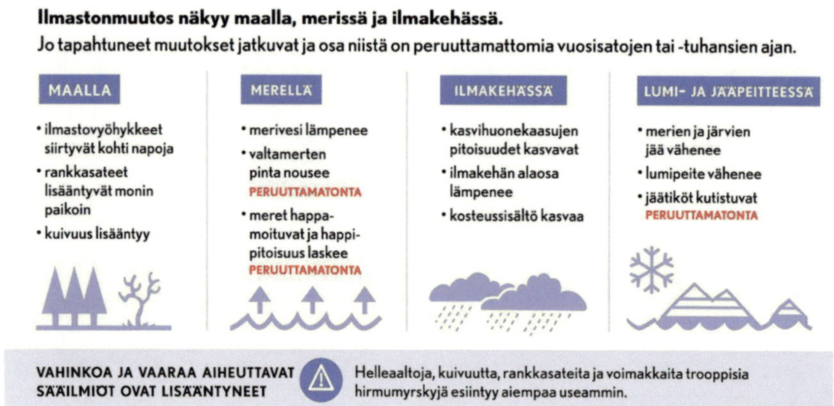
Ilmastonmuutos näkyy maalla, merissä ja ilmakehässä.
Jo tapahtuneet muutokset jatkuvat ja osa niistä on peruuttamattomia vuosisatojen tai -tuhansien ajan.
MAALLA
• ilmastovyöhykkeet siirtyvät kohti napoja
• rankkasateet lisääntyvät monin paikoin
• kuivuus lisääntyy
MERELLÄ
• merivesi lämpenee
• valtamerten pinta nousee PERUUTTAMATONTA
• meret happamoituvat ja happipitoisuus laskee PERUUTTAMATONTA
ILMAKEHÄSSÄ
• kasvihuonekaasujen pitoisuudet kasvavat
• ilmakehän alaosa lämpenee
• kosteussisältö kasvaa
LUMI- JA JÄÄPEITTEESSÄ
• merien ja järvien jää vähenee
• lumipeite vähenee
• jäätiköt kutistuvat PERUUTTAMATONTA
VAHINKOA JA VAARAA AIHEUTTAVAT SÄÄILMIÖT OVAT LISÄÄNTYNEET
Helleaaltoja, kuivuutta, rankkasateita ja voimakkaita trooppisia hirmumyrskyjä esiintyy aiempaa useammin.

Kestämättömän kehityksen kääntöpiste

Elämme ennennäkemättömän yltäkylläisessä maailmassa. Viimeiset vuosisadat ihmiskunta on nauttinut voimakkaasta elintason kehityksestä. Pohjoismaisen keskiluokan elintavat saisivat kenet tahansa 1800-luvun kuninkaalliset kateellisiksi. Tämän on mahdollistanut teknologian nopea kehitys, globaali talousjärjestelmä ja kansainvälinen yhteistyö, jotka ovat kasvattaneet hyvinvointia koko maailmassa.

Maatalouden ja tuotantotekniikoiden kehitys on luonut vaurautta, parempia elinolosuhteita ja uusia mahdollisuuksia ihmiskunnalle. Teollistumisen myötä kehitys kiihtyi ennennäkemättömään vauhtiin, kun elin- ja kulutustason nousu, tekniset resurssit ja poliittiset päätökset mahdollistivat uudenlaisen jatkuvan kasvun tavoittelun.

Yksi talouskasvun mahdollistajista on ollut luonnonvarojen rajoittamaton hyödyntäminen. Globaalin talouden lisäksi ovat kasvaneet myös ongelmat kuten kasvihuonekaasupäästöt, maapallon keskilämpötila ja elinkelvottomat alueet. Selkärankaisten, metsäaluiden ja puhtaan veden määrä on vähentynyt voimakkaasti. 1900-luvun puolivälistä lähtien kulutuksen ja teollisen tuotannon sekä näiden tarvitseman energian, veden, luonnonvarojen ja infrastruktuurin määrä on kasvanut kiihtyvästi.

Tämä kasvu on johtanut siihen, että olemme ylittäneet maapallon kantokyvyn.Luonto ei siis pysty uusiutumaan samaa tahtia kuin uusia luonnonvaroja tarvitaan. Toisin sanoen, jos jatkamme talouden kasvattamista nykyisellä mallilla, järjestelmä tulee väistämättä romahtamaan. Käynnissä on planeettamme elinkelpoisuutta ja ihmisarvoisen elämän edellytyksiä uhkaava muutos, jonka ihmiskunta on itse aiheuttanut – ja jonka se voi myös ratkaista.

Viisi kriisiä

Käynnissä olevaa talousjärjestelmän muutosta voidaan kuvata viiden suuren ja toisiinsa liittyvän ongelman kautta.

Luonnonvarojen ylikulutus johtuu huolimattomasta ja kestämättömästä raaka-aineiden käytöstä. Piittaamattomuus luonnonvarojen rajallisuudesta on johtanut niiden hyödyntämiseen lähes ilmaiseksi ja usein ilman ympäristölle tai yhteiskunnalle aiheutuvien haittojen vastuullista huomiointia. Seuraukset jäävät tulevien sukupolvien kannettavaksi: hupenevat resurssit, niiden jakamiseen liittyvät konfliktit ja muiden suurten ongelmien pahentaminen. Monet yritykset kärsivät jo nyt niukkojen raaka-aineiden hintojen noususta ja saatavuusongelmista.

Ilmastokriisi johtuu luonnollisen kasvihuoneilmiön erittäin nopeasta voimistumisesta ihmistoiminnan seurauksena. Kasvihuonekaasupäästöjen kasvu muuttaa planetaarisia systeemejä kuten lämpötilaa, veden kiertoa ja säätä. Uhkana on asuinkelvoton planeetta, jossa ekosysteemien ja lajien menestyminen on vaikeaa. Vaikka elämän edellytykset saataisiin pelastettua, joutuvat seuraavat sukupolvet kohtaamaan uudenlaisia terveyshaittoja, köyhyyttä ja ympäristöpakolaisuutta. Monet toimialat ovat kärsineet jo nyt sään ääri-ilmiöistä, tuhoutuneista sadoista sekä tulvien ja kuivuuden aiheuttamista ongelmista.

Luontokadon taustalla on yhä kiihtyvä maankäyttö erityisesti ruoantuotannon tarpeisiin. Tämä johtaa elinympäristöjen vähenemiseen, pirstoutumiseen ja heikentymiseen sekä lajien määrän ja niiden geneettisen monimuotoisuuden hupenemiseen. Luonnon monimuotoisuus on toimivien ekosysteemien ja niiden tarjoamien palveluiden, eli yhteiskunnan ja ihmisen toiminnan, perusta. Sen väheneminen uhkaa muun muassa hiilinielujen toimintaa, ravintokasvien pölytystä, veden ja ilman puhdistumista sekä tulvien hallintaa – palveluja, joista myös yritystoiminta on riippuvainen.

Ihmisoikeusrikkomukset ovat seurausta taloudellisen hyödyn tavoittelusta keinoja kaihtamatta ja varallisuuden kasvun keskittymisestä rikkaimmalle väestönosalle. Tämä epätasapaino ruokkii globaalia eriarvoisuutta ja luo olosuhteita, joissa työntekijöiden oikeuksia poljetaan, vähemmistöjen ääni jää kuulumattomiin ja yhteisöjä siirretään pois elinalueiltaan. Ihmisoikeuksien loukkaukset voivat ilmetä pakkotyönä, alipalkkana, vaarallisina työoloina tai sananvapauden rajoittamisena. Yritystoiminta on yhä useammin kytköksissä näihin ongelmiin joko suoraan tai epäsuorasti toimitusketjujen kautta.

Harmaa talous ja talousrikollisuus heikentävät yhteiskunnan kestävyyttä ja reilun kilpailun edellytyksiä. Se tarkoittaa verojen, maksujen ja lakisääteisten velvoitteiden kiertämistä – usein tarkoituksena alentaa kustannuksia muiden toimijoiden kustannuksella. Harmaassa taloudessa työntekijöiden oikeudet jäävät turvaamatta, työturvallisuus laiminlyödään ja sosiaaliturvajärjestelmät heikkenevät. Samalla valtio menettää verotuloja, joilla rahoitetaan yhteisiä palveluita kuten koulutusta, terveydenhuoltoa ja ympäristönsuojelua.

Suurten ongelmien ratkaiseminen vaatii kestävää kehitystä

Yhtenä kestävän kehityksen käännepisteistä voidaan pitää Rooman klubin julkaisemaa Kasvun rajat -raporttia vuodelta 1972. Sen taustalla oli Massachusettsin teknillisen korkeakoulun MIT:n tutkimus, jossa mallinnettiin globaalin talouskasvun tarvitsemia resursseja, luonnonvarojen riittävyyttä ja väestönkasvua. Raportin johtopäätöksenä oli, että luonnonvarat loppuvat ja talousjärjestelmä romahtaa, mikäli talouden toimintaa ei muuteta.

Kasvun rajat käynnisti keskustelun talouden periaatteista, luonnonvarojen riittävyydestä ja talouskasvusta, jonka oli ajateltu aiemmin olevan rajatonta. Tämän jälkeen globaalin talousjärjestelmän kestävyyttä on tutkittu ja parannettu kansainvälisissä yhteistyöelimissä, kuten YK:ssa.

Yksi käytetyimmistä määritelmistä kestävälle kehitykselle tehtiin vuonna 1987 YK:n Ympäristön ja kehityksen maailmankomission julkaisemassa Brundtlandin raportissa. Se oli ensimmäisiä kuvauksia sosiaalisen oikeudenmukaisuuden, talouskasvun ja ympäristöongelmien välisistä yhteyksistä. Raportissa kestävä kehitys määriteltiin seuraavasti:

Kestävä kehitys tyydyttää nykyhetken tarpeet viemättä tulevilta sukupolvilta mahdollisuutta tyydyttää omat tarpeensa.

YK on asettanut kahdesti kestävää kehitystä ohjaavat maailmanlaajuiset tavoitteet. Vuosituhannen kehitystavoitteet olivat voimassa vuoteen 2015 ja onnistuivat vaikuttamaan esimerkiksi köyhyyden puolittamiseen ja lapsikuolleisuuden vähentämiseen. Vuonna 2015 asetetut YK:n Kestävän kehityksen 17 tavoitetta keskittyvät ihmisoikeuksiin ja sosiaaliseen vastuuseen, ympäristönsuojeluun sekä kansainvälisen yhteistyön edistämiseen vuoteen 2030 mennessä.

YK:n kestävän kehityksen tavoitteet. Kuva: Ulkoministeriö.

Tavoitteena donitsitalous

Kuten olemme oppineet, talouskasvu on kytkeytynyt luonnonvarojen ja ihmisten hyväksikäyttöön. Kestävä kehitys vaatii toteutuakseen tämän epätasapainon korjaamista. Tämä tarkoittaa, että talous toimii ympäristön ja ihmisten kantokyvyn rajoissa ilman luonnonvarojen ylikulutusta tai ihmisoikeuksista tinkimistä. Tämän mahdollistavat esimerkiksi siirtyminen fossiilittomaan energiaan ja kiertotalouteen sekä kestävien työolojen ja tasa-arvon edistäminen.

Donitsitalous haastaa perinteisen talouskasvun tavoittelun ja asettaa ihmisen hyvinvoinnin sekä planeetan rajat taloudellisen toiminnan keskiöön. Talousmallin ytimessä on ajatus donitsin muotoisesta kehyksestä, jossa sisempi raja määrittää sosiaalisen perustan – kuten terveyden, koulutuksen ja toimeentulon – ja ulompi raja planeetan ekologiset rajat – kuten ilmaston, biodiversiteetin ja vesivarojen kestävyyden.

Kestävä ja oikeudenmukainen talous toimii näiden rajojen välissä: tarpeeksi suuri takaamaan ihmisarvoisen elämän kaikille, mutta tarpeeksi rajattu, jotta se ei ylitä luonnon kantokykyä. Donitsitalous tarjoaa vaihtoehtoisen kehyksen, jossa yritystoiminta, politiikka ja yhteiskunta voivat uudistua kohti ekologista ja sosiaalista tasapainoa.

Kestävästi toimiva yritys huolehtii toimivansa tässä kestävän toiminnan tilassa: pitäen huolta sen vaikutuspiirissä olevien ihmisten perusoikeuksista sekä ottaen huomioon luonnon rajallisten resurssien riittävyyden myös jälkipolville.

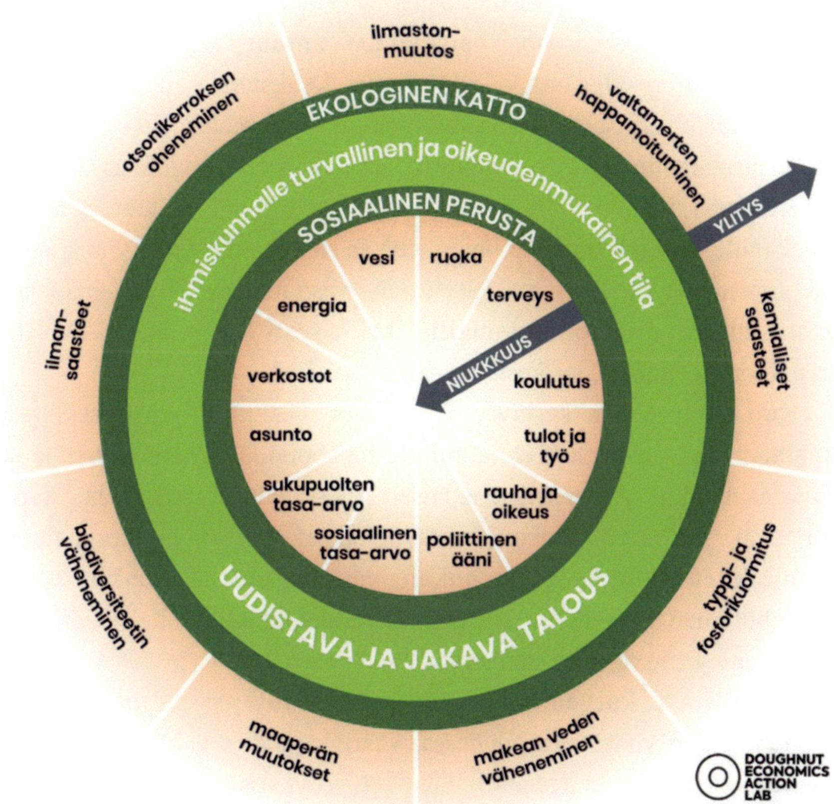

Alkuperäinen kuva: Kate Raworth, Doughnut Economics.
Suomennos ja muokkaus: Suomen donitsitalous -hanke.

Kestävää liiketoimintaa

Yritysvastuun ytimessä on kysymys siitä, onko yrityksen varsinainen liiketoiminta kestävää. Vastuullisuus ei voi olla vain viestintää tai yksittäisiä hankkeita, jos varsinainen ansaintalogiikka perustuu luonnonvarojen ylikulutukseen, ihmisoikeuksien polkemiseen tai epäoikeudenmukaiseen verosuunnitteluun. Edistääkö liiketoimintasi ratkaisua aikamme suuriin ongelmiin, vai onko se osa ongelmaa?

Kestävän ydinliiketoiminnan tunnistaa siitä, että se tuottaa arvoa asiakkaille ja yhteiskunnalle ilman, että se samalla rapauttaa ympäristön tai ihmisten hyvinvoinnin edellytyksiä. Vastuullisuus alkaa siitä, että tarkastellaan liiketoimintamallia kriittisesti ja ollaan valmiita muuttamaan suuntaa, jos kestävyys niin vaatii.

Kun perusta on kestävä, yritys voi keskittyä yritysvastuunsa kehittämiseen omaan arkeen ja kulttuuriin sopivilla käytännön teoilla ja toimintatavoilla. Monen suomalaisen PK-yrityksen toimintaa myös ohjaavat jo omasta takaa kestävät arvot ja toimintaperiaatteet. Huolellinen taloudenpito, hukan välttäminen ja henkilöstöstä huolehtiminen ovat usein arkipäivää, vaikka asiaa ei oltaisi erikseen tarkasteltu yritysvastuun näkökulmasta.

Tyypillisiä katvealueita puolestaan löytyy muun muassa työntekijöiden yhdenvertaisuudessa, väärinkäytösten ehkäisemisessä ja tietoturvassa, joita ei etenkään pienissä yrityksissä välttämättä pidetä omaa toimintaa koskevina aiheina. Jokaisen yrityksen tulisi kuitenkin huolellisesti selvittää näitäkin aiheita koskevat riskit ja mahdolliset haitat, jotka voivat herkästi realisoitua erityisesti toiminnan kasvaessa.

Sidosryhmien vaatimukset kasvavat

Vastuullisuusvaatimukset ovat toistaiseksi keskittyneet suuryrityksiin niiden toiminnan vaikutusten laajuuden vuoksi. Kestävyystavoitteita ei kuitenkaan ole mahdollista saavuttaa ilman pienten ja keskisuurten yritysten panosta, sillä OECD:n mukaan yhdessä ne vastaavat yli puolesta yksityisen sektorin työpaikoista, taloudellisesta lisäarvosta ja kasvihuonekaasupäästöistä.

Kasvava paine kestävään liiketoimintaan näkyy jo muutoksina suuryritysten toiminnassa. Yli puolet Suomessa toimivista suuryrityksistä on kertonut vaihtaneensa alihankkijoitaan kiristyneiden vastuullisuusvaatimusten takia ja yhtä moni kertoo aikovansa tehdä näin myös tulevaisuudessa. Myös pääomamarkkinoilla yritysvastuu on tarkassa seurannassa, sillä suurin osa pääomasijoittajista arvioi kohdeyhtiön vastuullisuutta ennen sijoituspäätöstä.

PK-yrityksiin kohdistuvaa painetta tulee myös muualta. Kuluttaja-asiakkaat kaipaavat tutkitusti tietoa vastuullisempien kulutusvalintojen tueksi. Yli puolet työnhakijoista pitää työnantajan vastuullisuutta tärkeänä kriteerinä. Valveutuneisuuden myötä yritystoiminnan kestävyydestä huolehtiminen ja yritysvastuun raportointi on yleistynyt paitsi edelläkävijöiden vapaaehtoisen toiminnan myös kiristyneen lainsäädännön vauhdittamana.

Eurooppalaisen sääntelyn kärjessä on kaksi kokonaisuutta, jotka paitsi velvoittavat yrityksiä toimimaan huolellisesti ja vastaamaan aiheuttamistaan haitoista myös raportoimaan niistä läpinäkyvästi. Huolellisuusvelvoitetta koskeva ns. yritysvastuudirektiivi (Corporate Sustainability Due Diligence Directive, CSDDD) velvoittaa suuryritykset selvittämään toimintansa ja arvoketjunsa kielteiset vaikutukset ihmisoikeuksiin ja ympäristöön sekä puuttumaan niihin. Kestävyysraportointidirektiivi (Corporate Sustainability Reporting Directive, CSRD) puolestaan velvoittaa EU-markkinoilla toimivia suuryrityksiä raportoimaan yritysvastuun toteutumisesta niiden omassa ja kumppaneidensa toiminnassa. Vaikka sääntelyn päivittämisen yksityiskohdista tätä kirjaa kirjoittaessa vielä neuvotellaan, on kehityksen yleinen suunta selvä: myös suuryrityksiä palvelevat pienet ja keskisuuret yritykset joutuvat kehittämään yritysvastuutaan ja kertomaan siitä asiakkailleen.

Kerro vastuullisuusmatkastasi

Vastuullisuusviestintä on yhä tärkeämpi osa yrityksen uskottavuutta ja sidosryhmäsuhteita. Kuluttajat, sijoittajat ja työntekijät odottavat, että yritykset kertovat avoimesti vastuullisuustyöstään – ei vain saavutuksista, vaan myös haasteista ja keskeneräisistä asioista. Viestinnän keskeinen tavoite on rakentaa luottamusta: sen on oltava läpinäkyvää, totuudenmukaista ja suhteutettava tekojen mittakaavaan. On tärkeää osoittaa, että kytkeytyy ydinliiketoimintaan ja pitkän aikavälin strategiaan.

Samalla vastuullisuusviestintä vaatii herkkyyttä ja itsekriittisyyttä. Viherpesu eli vastuullisuuden liioittelu syö nopeasti yrityksen mainetta. Toisaalta viherhyssyttely eli kestävistä teoista vaikeneminen viherpesusyytösten pelossa vähentää läpinäkyvyyttä ja hidastaa yritysvastuun vakiintumista tavalliseksi osaksi liiketoiminnan tarkastelua.

Yhä useampi sidosryhmä osaa erottaa aidon vastuullisuuden viestinnällisestä kulissista. Siksi yritysten on tunnistettava, mikä on olennaista juuri heidän toimialallaan, ja kerrottava siitä rehellisesti – myös silloin, kun kaikkea ei ole vielä ratkaistu. Hyvä vastuullisuusviestintä ei pelkästään puhu vastuusta, vaan osoittaa sen teoilla ja tilivelvollisuudella.

Raportointi, standardit ja sertifikaatit – Voiko vastuullisuutta mitata?

Yritysvastuun tarkastelua yrityksen ulkopuolelta pyritään helpottamaan kestävyysraportoinnilla sekä erilaisilla toiminnan, tuotteiden ja palvelujen standardeilla ja sertifikaateilla. Vastuullinen liiketoiminta ei edellytä näistä mitään, ja raportoinnin opetteluun tai sertifikaattien saavuttamiseen kuluvat resurssit voi joskus olla viisainta käyttää toiminnan kestävään kehittämiseen. Niiden käytölle on kuitenkin myös selviä perusteita. Toisinaan ne ovat esimerkiksi suurten yritysasiakkaidesi suosiossa tai jopa edellytys kilpailutuksiin osallistumiselle.

Toimijoiden välistä tiedontarvetta kuvaa hyvin se, että erilaisia malleja yritysvastuun jäsentämiseksi ja arvioimiseksi on maailmanlaajuisesti jo tuhansia. Vaikka kehitys on kääntynyt niiden määrän kasvattamisesta yhdenmukaistamiseen, voi itselle sopivan mallin valinta voi olla vaikeaa. Suosittelemme käymään tarpeesta avointa keskustelua asiakkaidesi kanssa: mitä he kaipaavat ja toivovat sinun pystyvän osoittamaan? Kannattaa myös tutustua alan muiden toimijoiden ja kilpailijoidesi valintoihin, jotta tunnet yleisimmät valinnat ja voit halutessasi erottua niistä tietoisesti.

Jos vakiomuotoinen kestävyysraportointi on toiminnassanne tärkeää, suosittelemme aloittamaan EU:n PK-yrityksille suunnatusta vapaaehtoisen raportoinnin VSME-standardista (*Voluntary Sustainability Reporting Standard for non-listed SMEs*).

Kestävä kehitys on vuosisadan bisnesmahdollisuus

Yritykset, jotka panostavat liiketoiminnan kestävyyteen, pärjäävät paremmin kilpailussa asiakkaista, työntekijöistä ja rahoituksesta myös seuraavalle vuosikymmenelle yritysvastuun vaatimusten kiristyessä. Ennen kaikkea, kestävät yritykset toimivat oikein niille elintärkeitä ihmisiä, ympäristöä ja yhteiskuntaa kohtaan. Kestävä kehitys tarjoaa myös valtavan määrän uusia liiketoimintamahdollisuuksia.

Vihreä siirtymä tarkoittaa fossiilisiin polttoaineisiin perustuvan talouden siirtymistä fossiilittomaan energiaan. Kansainvälisesti tämä tarkoittaa tuhansien miljardien eurojen investointeja tuuleen, aurinkoon ja veteen perustuvaan energiantuotantoon, sekä laitteiden ja kulkuneuvojen sähköistymistä. Näin valtava siirtymä vaatii uusia ratkaisuja, tuotteita, palveluja ja osaamisen kehittämistä kaikilla yhteiskunnan osa-alueilla.

Kiertotalouteen siirtyminen muuttaa talouden perusteita. Aiemmin talous on perustunut lineaariseen tuotantoon, jossa raaka-aineet on otettu maasta tai luonnosta, jalostettu tehtaissa kulutukseen ja elinkaaren päätteeksi päätyneet jätteeksi. Kiertotaloudessa kaikki raaka-aineet kierrätetään uudelleen käyttöön, tuotteet suunnitellaan kestävämmiksi ja kulutus perustuu enemmän palveluihin. Tätä muutosta tukee kiristyvä lainsäädäntö, joka avaa mahdollisuuksia uusille liiketoimintamalleille, tuotteille ja palveluille.

Toimitusketjujen läpinäkyvyyden lisääntyminen muuttaa perusteita, joilla asiakkaat valitsevat keneltä tuotteita ja palveluita ostavat. Yhä useampi asiakas, sijoittaja ja kumppani odottaa, että yritys tuntee ihmisoikeuksien toteutumisen ja työolot koko toimitusketjussaan ja on valmis toimimaan niiden parantamiseksi. Läpinäkyvyyttä kirittää kansainvälinen sääntely, joka korostaa jokaisen yrityksen vastuuta tuntea kumppaninsa.

Testaa yrityksesi kestävyys

Olemme kehittäneet oheisen testin viimeisten kahden vuoden aikana PK-yritysten tarpeisiin. Sen tavoitteena on kartoittaa nykytilanne ja kehityskohteet yritysvastuun eri teemojen saralla. Samalla se auttaa tunnistamaan yritykselle olennaiset teemat ja sulkee pois sellaiset, jotka eivät kosketa yrityksen toimintaa.

Testi on jaettu hallinnollisen, sosiaalisen ja ympäristövastuun alla oleviin teemoihin. Jokaisen teeman osalta on listattu muutamia kysymyksiä, joiden tarkoituksena on kartoittaa yrityksen toimintaa kestävän toiminnan näkökulmasta.

Käy ensin läpi kaikki teemat. Joidenkin teemojen alussa on olennaisuutta koskeva määritelmä. Jos tämän mukaan teema ei ole yrityksellesi olennainen, voit ohittaa teemaan liittyvät kysymykset.

Käy läpi kunkin yrityksellesi olennaisen teeman osalta sen alla listatutoheiset kysymykset. Jos pystyt vastaamaan kaikkiin kyllä, toimit jo hyvin kestävällä tavalla. Jos vastaus kysymykseen on hieman epävarma tai ei, on tämä selkeä kehityskohta toiminnassasi.

Mikäli jokin kysymys tuntuu vieraalta tai et ole varma vastauksestasi, kannattaa siihen tutustua tarkemmin kirjan jälkipuolelta löytyvästä vastaavasta luvusta, josta saat taustoituksen ja selkeitä toimintaohjeita toiminnan kehittämiseksi.

Testiin kannattaa palata myös aika ajoin, kun olet kehittänyt toimintaasi. Toivomme, että testi auttaa sinua tunnistamaan vahvuutesi ja kehityskohtasi, ja auttaa sinua myös vahvistamaan yrityksesi kestävyyttä tulevaisuudessa.

HALLINNOLLINEN VASTUU

Hyvä hallintotapa

- Onko yrityksesi hallinto hoidettu järjestelmällisesti ja huolellisesti?
- Onko yrityksellesi valittu tilintarkastaja?
- Onko yrityksesi verot ja ilmoitukset hoidettu ajallaan?
- Hoitaako yrityksesi velvoitteensa sopimuskumppanina huolellisesti?

Taloudellinen kestävyys

- Onko yrityksesi liiketoiminta kannattavaa?
- Rahoitetaanko liiketoimintaasi liiaksi velalla?
- Onko yrityksesi maksuvalmius riittävä?
- Kasvaako yrityksesi ainakin markkinan koon mukana?

Väärinkäytösten ehkäisy

- Oletko tunnistanut liiketoimintaasi liittyvät riskit väärinkäytöksiin?
- Oletko laatinut henkilöstön toimintaohjeet eli code of conductin?
- Onko väärinkäytöksistä ilmoittamiselle kanava?

Tietosuoja- ja turva

- Käsitelläänkö henkilötietoja yrityksessäsi huolellisesti?
- Oletko tunnistanut liiketoimintasi tietoturvariskit?
- Oletko parantanut yrityksesi tietoturvaa?

Liiketoiminnan riskit

- Tunnetko toimintaympäristön riskit liiketoimintasi kestävyydelle?
- Oletko huomioinut riskit liiketoiminnan kehittämisessä?

SOSIAALINEN VASTUU

Työntekijöiden työolot ja oikeudet

- Oletko tietoinen ja huolehditko velvollisuuksistasi työnantajana?
- Oletko koonnut yhteen henkilöstön tarvitsemat tiedot?
- Käytkö aktiivista vuoropuhelua henkilöstön kanssa?
- Käytätkö erilaisia työsopimuksia tarkoituksenmukaisesti?

Työntekijöiden hyvinvointi

- Oletko tunnistanut työterveyteen ja -turvallisuuteen liittyvät riskit?
- Oletko parantanut työnteon turvallisuutta?
- Huolehditko työntekijöiden työkyvyn ylläpidosta?
- Oletko järjestänyt kaikille työntekijöille työterveydenhuollon?
- Panostatko hyvinvointia tukeviin työtapoihin?

Työntekijöiden osaaminen

- Perehdytetäänkö työntekijät huolellisesti uusiin tehtäviin, järjestelmiin ja prosesseihin?
- Koulutetaanko henkilöstöä ennakoivasti markkinoiden muuttuviin tarpeisiin?

Työntekijöiden yhdenvertaisuus

- Onko yrityksesi sitoutunut julkisesti yhdenvertaisuuteen ja syrjimättömyyteen?
- Oletko selvittänyt tasa-arvon toteutumisen yrityksessäsi ja korjannut mahdollisesti havaitut puutteet?
- Oletko selvittänyt yhdenvertaisuuden ja syrjimättömyyden toteutumisen yrityksessäsi ja korjannut havaitut puutteet?

Arvoketjun työntekijät

Arvoketjun työntekijöitä koskevat kysymykset ovat olennaisia, jos yrityksesi käyttää alihankintaa tai tekee merkittäviä tuoteostoja.

- Onko yrityksesi sitoutunut tukemaan ja kunnioittamaan ihmisoikeuksia vaikutuspiirissään?
- Oletko tunnistanut riskit työperäiseen hyväksikäyttöön yrityksesi arvoketjussa?
- Oletko varmistanut, että kumppanisi hoitavat lakisääteiset velvoitteensa työnantajina?

Vaikutuspiirin yhteisöt

Vaikutuspiirin yhteisöjä koskevat kysymykset ovat olennaisia, jos yrityksesi toiminta vaikuttaa merkittävästi muiden kuin työntekijöidesi elämään ja elinoloihin. Tällaisia voivat olla esimerkiksi toiminta-alueen asukkaat, alkuperäiskansat, rakennus- ja suurhankkeiden vaikutusalueen asukkaat, tai yrityksen palveluista riippuvaiset yhteisöt.

- Oletko tunnistanut yrityksen vaikutuspiiriin kuuluvat yhteisöt?
- Oletko huolehtinut, että toiminta ei aiheuta haittaa yhteisöille?
- Käydäänkö yhteisöjen edustajien kanssa vuoropuhelua?

Kuluttajat ja loppukäyttäjät

Kuluttajia ja loppukäyttäjiä koskevat kysymykset ovat olennaisia, jos yrityksesi asiakkaat tai loppukäyttäjät ovat yksityishenkilöitä.

- Onko yrityksesi tuotteiden ja palveluiden käyttö turvallista?
- Onko markkinointi kuluttajansuojalain ja hyvän tavan mukaista?
- Panostatko hyvään asiakaspalveluun?

YMPÄRISTÖVASTUU

Ilmastonmuutoksen hillintä

- Tunnetko yrityksesi aiheuttamat kasvihuonekaasupäästöt?
- Oletko vähentänyt yrityksen energiankulutusta ja siirtynyt fossiilittomaan energiaan?
- Oletko sitoutunut nettonollatavoitteeseen?

Kiertotalous

- Teetkö kestäviä hankintoja ja vain tarpeeseen?
- Valmistatko tuotteesi kestämään?
- Minimoitko ja kierrätäkö toimintasi jätteet ja sivuvirrat?

Veden kestävä käyttö

Veden käyttöä koskevat kysymykset ovat olennaisia, jos yrityksesi käyttää palvelujen tai tuotteiden tuotannossa merkittävästi vettä.

- Tunnetko vaikutuksesi vesien laatuun ja riittävyyteen?
- Oletko parantanut veden käytön tehokkuutta tai laatua?

Luonnon monimuotoisuus

Veden käyttöä koskevat kysymykset ovat olennaisia, jos yrityksesi toimintaan liittyy maa- tai vesialueiden käyttöä.

- Tunnetko toimintasi vaikutukset luontoon ja elinympäristöihin?
- Oletko huolehtinut, ettet heikennä luonnon tilaa?

Pilaantumisen ehkäisy

Pilaantumisen ehkäisyä koskevat kysymykset ovat olennaisia, jos yrityksesi toimintaan liittyy riski aineen, energian, melun, tärinän, säteilyn, valon, lämmön tai hajujen haitallisiin päästöihin.

- Oletko minimoinut riskit haitallisiin päästöihin?

HALLINNOLLINEN VASTUU

Hallinnollinen vastuu

Yrityksen tärkein tehtävä on tuottaa markkinoille tuotteita tai palveluita, jotta se voi tuottaa lisäarvoa asiakkaille, omistajilleen, työntekijöilleen sekä yhteiskunnalle.

Mikään yritys ei kuitenkaan toimi yksin, vaan osana yhteiskuntaa ja yhteistyössä toisten yritysten kanssa. Asiakkaiden palvelemisen taustalla yrityksen toiminta perustuu pohjimmiltaan aina sen tekemiin sopimuksiin ja toimintaa sääteleviin lakeihin. Sopimusten ja lakien noudattaminen vaatii, että yritys toimii järjestelmällisesti, jotta se pystyy huolehtimaan velvollisuuksistaan.

Hallinnollisen vastuun lähtökohtana on luoda edellytykset sille, että yritys voi jatkaa toimintaansa pitkälle tulevaisuuteen. Hyvin hallitun yrityksen toimintaa eivät häiritse velvollisuuksien laiminlyönnistä tai huonosta taloudenpidosta seuraavat ongelmat, kuten sakot, riidat ja maksuvaikeudet, tai pahimmassa tapauksessa yrityksen ajautuminen konkurssiin ja toiminnan lopettaminen.

Hallinnollista vastuuta tarkastellaan tässä kirjassa viidestä näkökulmasta.

Hyvä hallintotapa kuvaa yrityksen huolellisuutta suhteessa erilaisiin laki-, viranomais- ja sopimusvelvoitteisiin. Asianmukaisesti hoidettu hallinto osoittaa yhteistyökumppaneille huolellista johtamista sekä pienentää yrityksen riskiä esimerkiksi veronkiertoon tai työnantaja-velvoitteiden laiminlyönteihin.

Taloudellinen kestävyys tarkastelee, onko yritys taloudellisesti kestävällä pohjalla eli pystyykö se huolehtimaan velvollisuuksistaan nyt ja tulevaisuudessa, jos taloudessa tai markkinoilla tulisi vaikeampia aikoja.

Väärinkäytösten ehkäisyn tarkoituksena on taata yrityksen ja sen työntekijöiden eettinen toiminta. Epäeettinen toiminta, kuten lahjonta, korruptio, talousrikokset, syrjintä, velvollisuuksien tietoinen laiminlyönti tai muuten hyvän tavan vastainen toiminta, voivat altistaa yrityksen lukuisille riskeille liittyen maineen heikentymiseen, toimintaedellytysten pienentymiseen ja rangaistuksiin.

Tietoturva ja -suoja on koko ajan tärkeämpää, sillä lähes jokainen yritys käsittelee luottamuksellisia tietoja, kuten henkilöstön, asiakkaiden tai loppukäyttäjien henkilötietoja, liikesalaisuuksia tai salassa pidettäviä asiakkaiden tietoja. Tietoturvaloukkaukset voivat vaarantaa henkilöstön tai asiakkaiden yksityisyydensuojaa, mahdollistaa rikoksia, aiheuttaa mainehaittaa tai jopa vaarantaa yrityksen toiminnan jatkuvuuden.

Kestävyysriskit voivat toteutuessaan haitata yrityksen toiminnan jatkuvuutta. Sellaisia ovat esimerkiksi nopeat muutokset lainsäädännössä, asiakkaiden tarpeissa sekä yrityksen tarvitsemien materiaalien saatavuudessa tai hinnassa. Yritystoimintaa ei voi rakentaa pelkästään riskienhallinnan varaan. Yritys voi kuitenkin parantaa kestävyyttään tunnistamalla riskit ja varautumalla niihin siten, että se pystyy tarvittaessa sopeutumaan muutoksiin nopeasti.

Hyvä hallintotapa

Hyvä hallinto vahvistaa yrityksen luotettavuutta yhteistyökumppanina, työnantajana ja asiakkaana. Se kuvaa yrityksen huolellisuutta suhteessa erilaisiin viranomais- ja sopimusvelvoitteisiin.

Velvollisuuksien laiminlyönnistä seuraa tyypillisesti nopeasti viivästysmaksuja, -korkoja, sakkoja tai perintäkuluja. Mikäli yritys ei muistutuksista huolimatta suorita velvoitteita, voi niistä seurata merkintä verovelkarekisteriin, julkisia maksuhäiriömerkintöjä tai pahimmillaan velkojen ulosotto.

Asianmukaisesti hoidettu hallinto osoittaa yrityksen yhteistyökumppaneille, työntekijöille ja sidosryhmille huolellista johtamista sekä pienentää yrityksen riskiä esimerkiksi yllättäviin veroseuraamuksiin tai työnantajavelvoitteiden laiminlyönteihin. Viranomaisvelvoitteiden moitteeton hoito on monesti myös vähimmäisvaatimus erityisesti julkisen sektorin tai suuryrityksen kilpailutuksiin osallistumiselle.

Yrityksen hallinto on hyvällä mallilla, kun se huolehtii seuraavista toimenpiteistä.

- Yrityksen hallinto on hoidettu järjestelmällisesti
- Yrityksellä on tilintarkastaja
- Yritys hoitaa verot ja ilmoitukset ajallaan
- Yritys hoitaa velvoitteet sopimuskumppaneita kohtaan

Yritys voi toimia erityisen vaikuttavasti, kun se lisäksi kertoo yrityksen toiminnasta avoimesti sidosryhmilleen.

Hoida yrityksen hallinto kuntoon

Yrityksen hallinto koostuu lukuisista käytännön asioista, kuten kirjanpidosta, palkanmaksusta, tulorekisteri-ilmoituksista, lakisääteisten vakuutusten hoitamisesta, veroilmoituksista, verojen tilityksestä, tilinpäätöksestä, laskujen maksamisesta, laskutuksesta, yhtiökokouksista, hallituksen päätöksistä, saatavien perinnästä ja sopimusvelvoitteiden hoitamisesta.

Hyvin hallinnoitu yritys hoitaa kaikki nämä velvollisuudet ajallaan. Useimmat tilitoimistot hoitavat mieluusti valtaosan näistä tehtävistä yrityksen puolesta, vaikka vastuu niiden hoitamisesta onkin edelleen yrityksen johdolla.

Mikäli et ole taloushallinnon ammattilainen, suuri osa hallinnon hoitamisesta kannattaa antaa Taloushallintoliiton auktorisoiman tilitoimiston hoidettavaksi. Varmista, että tilitoimisto hoitaa yrityksen kirjanpidon lisäksi arvonlisäveroilmoitukset, tilinpäätöksen, vuosi-ilmoitukset, veroilmoituksen ja palkkojenmaksuihin liittyvät tulorekisteri-ilmoitukset.

Pidäthän huolen, että yritys on sille olennaisisa rekistereissä, kuten kaupparekisteri, ennakonperintärekisteri, arvolisäverovelvollisten rekisteri ja työnantajarekisteri, kun yrityksellä on yrittäjien lisäksi muita työntekijöitä. Kaupparekisteriotteelta kannattaa tarkastaa, että yrityksen edustajat on oikein merkitty. Mikäli yrityksen edustus on yhtiöjärjestyksessä merkitty vain hallituksen jäsenille kaksi yhdessä, voidaan esimerkiksi toimistusjohtajalle vaatia erikseen yhtiökokouksen päätös yhtiön edustamisesta yksin. Myös hallituksen jäsenet on syytä päivittää kaupparekisteriin, jos yrityksen avainhenkilöissä tapahtuu muutoksia. Jos edustajatiedot eivät ole kunnossa, voivat yhteistyö-kumppanit kieltäytyä allekirjoittamasta sopimuksia.

Yhtiökokouksen ja tarvittavien hallituksen kokousten pöytäkirjat on hyvä teettää myös tilitoimistolla tilinpäätöksen yhteydessä, jotta niissä on kaikki lainmukaiset päätökset.

Tilitoimiston kanssa on hyvä sopia yhteisestä tietojen säilyttämisestä. Järjestelmällisesti hoidettu yritys säilyttää keskitetysti tärkeät ja eri yhteyksissä tarvittavat hallinnon dokumentit, kuten perustamisasiakirjat, hallituksen ja yhtiökokouspöytäkirjat, tilinpäätökset, sopimukset ja vakuutusasiakirjat.

Pienessä yrityksessä hallitus voi tuntua hieman turhalta. Usein samat henkilöt voivat olla sekä omistajia, hallituksen jäseniä, johtajia ja työntekijöitä. Hallituksen rooli on kuitenkin keskeinen, sillä sen jäsenet ovat henkilökohtaisella omaisuudellaan vastuussa yrityksen hallinnon lainmukaisesta järjestämisestä. Pahimmillaan hallituksen jäsenet voivat joutua taloudelliseen vastuuseen tai jopa rikosvastuuseen yrityksen tekemistä laiminlyönneistä tai rikkomuksista.

Tilinpäätös on yrityksen tärkein dokumentti yrityksen hallinnon ulkoiseen arviointiin. Tilinpäätös täytyy aina käsitellä yhtiökokouksessa puoli vuotta tilikauden päättymisen jälkeen ja toimittaa tämän jälkeen viipymättä kaupparekisteriin, josta niitä voi kuka tahansa tarkastella. Tilinpäätöksen tietoja käytetään laajalti myös yritystietopalveluissa, jotka esimerkiksi laskevat yritysten luottoluokituksia ja muuta tietoa esimerkiksi yrityksen potentiaalisten kumppanien päätöksenteon tueksi. Yrityksen velkojat ja muut kumppanit saattavat myös vaatia sopimusehdoissaan, että vahvistettu tilinpäätös on toimitettava suoraan heille.

Tilintarkastaja varmistaa hyvän hallinnon

Tilitoimiston lisäksi tilintarkastaja on yrityksen tärkein kumppani hyvän hallinnon varmistamiseksi.

Kirjanpitovelvolliset yhteisöt ovat lähtökohtaisesti velvollisia valitsemaan tilintarkastajan tarkastamaan hallintonsa, kirjanpitonsa ja tilinpäätöksensä jokaiselta tilikaudelta. Tilintarkastajana voi toimia vain Patentti- ja rekisterihallituksen hyväksymä henkilö tai tilintarkastusyhteisö. Yrityksen tulee rekisteröidä ja päivittää tilintarkastajan valintaa koskevat tiedot myös kaupparekisteriin.

Tilintarkastaja voidaan jättää valitsematta, jos liiketoiminta on hyvin pienimuotoista eli korkeintaan yksi seuraavista täyttyy: taseen loppusumma ylittää 100 000 euroa, liikevaihto tai vastaava tuotto yli 200 000 euroa tai yrityksen palveluksessa on keskimäärin yli kolme henkilöä. Käytännössä tilintarkastaja kannattaa kuitenkin aina valita.

Tilintarkastaja lausuu tilintarkastuskertomuksessaan siitä, antaako tilinpäätös noudatetun säännöstön mukaisen oikean ja riittävän kuvan yrityksen toiminnan tuloksesta ja taloudellisesta asemasta sekä siitä, täyttääkö tilinpäätös lakisääteiset vaatimukset. Lausunto voi olla vakiomuotoinen tai mukautettu. Mukautettu lausunto on kielteinen tai se sisältää varauman, huomautuksia tai lisätietoa. Tämä tarkoittaa, että tilintarkastaja on havainnut tilinpäätöksessä olennaisia virheitä tai että aineisto on ollut puutteellinen.

Vaikka tilintarkastajan valinta on pakollinen, parhaimmillaan hän on kuitenkin kumppani, joka auttaa parantamaan yrityksen prosesseja ja hallintoa kestävälle pohjalle. Tilintarkastajalta kannattaa kysyä neuvoa myös yrityksen talouden kannalta merkittävissä päätöksissä.

Hoida verot ja ilmoitukset ajallaan

Verot ovat olennainen osa hyvinvointiyhteiskunnan toimintaa. Veroilla rahoitetaan julkisen sektorin toimintaa kuten terveydenhuoltoa, koulutusta, infrastruktuuria, oikeuslaitosta, lainvalvontaa ja lukuisia muita palveluja. Veroilla kustannetaan myös tulonsiirtoja, kuten lapsilisiä, eläkkeitä ja toimeentuloturvaa.

Yritysten tulee maksaa useita eri veroja, kuten tuloksesta maksettava yhteisövero, arvonlisävero, työntekijöiden palkoista pidätettävä ansiotulovero ja muut työnantajamaksut. Niiden kiertäminen on rikos. Verohallinnon mukaan harmaan talouden suuruus Suomessa on yli 10 miljardia euroa, mikä tarkoittaa yli 4 miljardin euron vuosittaisia verojen ja maksujen menetyksiä.

Verosuunnittelu on sallittua, tavanomaista ja liiketoiminnan vastuullisuuden kannalta hyväksyttyä toimintaa, jonka avulla voidaan optimoida maksettavien verojen määrää ja ajankohtaa verolakien puitteissa. Aggressiivinen verosuunnittelu taas tarkoittaa sinänsä laillisia, mutta pitkälle vietyjä tai keinotekoisia yritysjärjestelyitä, joiden ainoana tavoitteena on minimoida verojen maksua.

Verojen maksun tai veroilmoitusten laiminlyönti johtaa merkintään verovelkarekisterissä, josta useat yhteistyökumppanit tarkistavat, onko yritys hoitanut velvoitteensa. Rekisterissä ovat yritykset, joilla on verovelkaa vähintään 10 000 euroa ja jotka eivät ole sopineet maksuohjelmasta verottajan kanssa. Rekisteriin merkitään myös yritykset, joilla on viimeisten 6 kuukauden aikana laiminlyöntejä oma-aloitteisten verojen veroilmoituksen antamisessa, eli arvonlisäveroa, ennakonpidätyksiä ja työnantajan sairausvakuutusmaksuja koskeva ilmoitus on annettu myöhästyneenä tai se on jätetty antamatta.

Hoida velvollisuutesi kumppanina huolellisesti

Useimmiten yrityksen kannattaa keskittyä omaan ydinosaamiseensa ja ulkoistaa kaikki muu toisille yrityksille. Käytännössä yritys tarvitsee usein tarvikkeita, materiaaleja, työkaluja, energiaa, toimitiloja ja palveluja toimintaansa varten. Yhteistyökumppanien ja asiakkaiden kanssa tehdään sopimuksia, joihin liittyy molemminpuolisia velvoitteita: työsuoritteita, tuotteiden toimittamista, ilmoituksia ja laskujen maksua.

Vastuullinen yritys toimii luotettavasti ja hoitaa tekemiensä sopimusten mukaiset velvoitteet kumppaneilleen oikea-aikaisesti.

Velvoitteiden hoitaminen ei ole pelkästään sopimusosapuolten välinen asia. Sopimusten laiminlyönti voi johtaa riitoihin, sopimussakkoihin, maksuhäiriöihin tai jopa julkisiin haasteisiin, jotka voivat aiheuttaa yhtiölle mainehaittoja tai jopa vaikeuksia jatkaa toimintaa normaalisti.

Monet yritykset ja julkiset organisaatiot tarkistavat yhteistyökumppaniensa taloustiedot ja maksuhäiriömerkinnät yritystietopalveluista ennen sopimusten tekemistä. Suosittelemme vahvasti myös itse toimimaan näin varmistaaksesi omien kumppaniesi luotettavuuden.

Yrityksen julkiset maksuhäiriömerkinnät kertovat, että yritys ei ole maksanut kiistattomia saatavia sen sopimuskumppaneille perintätoimenpiteistä huolimatta. Julkiset maksuhäiriömerkinnät ovat yleensä viimeinen vaihe ennen oikeudellista perintää, ja voivat kertoa yrityksen maksuvaikeuksista, huolimattomuudesta tai riidoista sopimuskumppanien kanssa. Pahimmillaan velvollisuuksien laiminlyönnit voivat johtaa konkurssiin, jossa yrityksen hallinto luovutetaan kokonaan konkurssipesän hoitajalle.

Vaikuta: Kerro yrityksen toiminnasta avoimesti sidosryhmille

Lakisääteisesti yritys voi toimia siten, että vain hallituksen jäsenet ja toimitusjohtaja sekä tilinpäätöstiedot ovat julkisessa tiedossa, mutta muuta tietoa yrityksen toiminnasta ei kerrota.

Hyvä hallinto tarkoittaa luottamusta, ja sitä voi vahvistaa lisäämällä läpinäkyvyyttä yrityksen toimintaa kohtaan. Tämän avulla yrityksen kumppanit, asiakkaat ja mahdolliset tulevat työntekijät voivat tutustua yrityksen toimintaan ennen yhteistyön aloittamista.

Yritys voi esimerkiksi esitellä johdon ja henkilöstön verkkosivuillaan sekä kertoa toimintaperiaatteista, tuotannosta, yhteistyökumppaneista, vastuullisuudesta ja päätöksenteosta.

Avaamalla päätöksentekoaan yritys voi avartaa omistajuuden käsitettä myös varsinaisten osakkeenomistajien ulkopuolelle. Yritys voi lisätä päätöksentekonsa läpinäkyvyyttä esimerkiksi jakamalla tietoa yrityksen taloudesta ja näkymistä aktiivisesti työntekijöille, osallistamalla työntekijöitä ja sidosryhmiä yrityksen strategian määrittelyyn, osallistamalla sidosryhmiä päätöksentekoon tai nimittämällä esimerkiksi työntekijöiden tai muiden sidosryhmien edustajia hallitukseen.

Sidosryhmiään kuulemalla yritys vahvistaa toimintaedellytyksiään ja varmistaa ymmärrystään toimintaympäristöstä ja päätösten vaikutuksesta käytännön toimintaan.

Taloudellinen kestävyys

Talouden tunnusluvut kertovat, onko liiketoiminta taloudellisesti kestävällä pohjalla eli voiko se jatkua sellaisenaan vai vaatiiko se sopeutuksia tai muita korjaavia toimenpiteitä.

Heikko taloudellinen kestävyys on riski paitsi yrityksen oman toiminnan jatkuvuudelle, myös sen kyvylle huolehtia kumppaneilleen antamista sitoumuksista ja muista sidosryhmiin vaikuttavista velvoitteista. Riskit korostuvat erityisesti markkinoiden ja yleisen taloustilanteen muutoksissa, joita on 2020-luvulla saatu kokea runsaasti.

Talouden kestävyyttä tarkastellaan usein yrityksen tilinpäätöksestä laskettujen tunnuslukujen avulla. Niillä mitataan esimerkiksi yrityksen kannattavuutta, maksukykyä ja omavaraisuutta.

Asiakas tai kumppani, joka tarkastelee yrityksen taloudellisia tietoja tietopalvelujen kautta, on erityisen kiinnostunut seuraavista kysymyksistä:

- Onko yrityksen liiketoiminta kannattavaa?
- Onko yrityksellä liikaa velkaa?
- Onko yrityksen maksuvalmius riittävä?
- Kasvaako yritys ainakin markkinan koon mukana?

Onko liiketoimintasi kannattavaa?

Kaikki ymmärtävät, että yrityksen tulojen tulisi kattaa menot ja niiden lisäksi jäljelle on hyvä jäädä tuottoa. Kannattavuutta voidaan kuitenkin tarkastella monella tasolla.

Yritys saattaa investoida paljon tuotekehitykseen tai kasvuun, jolloin sen kannattavuus on hetkellisesti heikkoa mutta tulevaisuuden tuottojen odotetaan olevan merkittäviä. Tämä on hyvin tyypillistä startup- ja kasvuyrityksille.Näissä tapauksissa yrityksellä tulee kuitenkin olla uskottava suunnitelma, millä tavalla ja missä vaiheessa yritys voi toimia kannattavasti ja miten yrityksen toimintaa rahoitetaan siihen saakka.

Yrityksen liiketoiminta on kannattavaa, kun sen operatiivisen toiminnan tulot ovat suuremmat kuin kustannukset. Kannattavuutta voidaan tarkastella useilla eri mittareilla, mutta yleisimmät ovat myyntikate, käyttökate, liiketulos ja tulos. Oikea mittari kannattavuuden mittaamiseen riippuu yrityksen toimialasta.

Myyntikate on suurin ja kertoo, kuinka paljon tuotteen tai palvelun myynnistä jää yli niihin käytettyjen kustannusten vähentämisen jälkeen. Esimerkiksi kaupan alan yritykset ja teollisuus voivat käyttää tätä arvioimaan myynnin kannattavuutta.

Käyttökate kuvaa liiketoiminnan tulosta sen jälkeen, kun yrityksen henkilöstökulut ja liiketoiminnan muut kulut on maksettu. Tämä sopii esimerkiksi tietotyötä tekeville yrityksille.

Liiketuloksen avulla voidaan tarkastella yrityksen operatiivista kannattavuutta, eli kattaako liiketoiminnan tulot siitä aiheutuvat kulut. Liiketuloksellaan yrityksen tulee kattaa mm. rahoituskulut, verot ja voitonjako.

Tulos kuvaa yrityksen lopullista voittoa ennen verojen maksamista. Negatiivinen tulos kertoo yrityksen liiketoiminnan operatiivisista vaikeuksista tai voimakkaista investoinneista.

Onko yritykselläsi liikaa velkaa?

Vakavarainen yritystoiminta ei ole liian riippuvaista velkarahoituksesta, joka altistaa sen suuremmille riskeille liiketoiminnan muutostilanteissa. Esimerkiksi korkojen noustessa tai kysynnän heikentyessä yrityksen velanhoitokulut nousevat merkittävästi ja voivat haitata sen kykyä suoriutua muista kuluista.

Omavaraisuusaste mittaa yrityksen vakavaraisuutta, tappionsietokykyä sekä kykyä selviytyä sitoumuksista pitkällä tähtäimellä. Tunnusluvun arvo kertoo, kuinka suuri osuus yhtiön varallisuudesta on rahoitettu omalla pääomalla. Mitä korkeampi yrityksen omavaraisuusaste on, sitä vakaammalle pohjalle yrityksen liiketoiminta rakentuu. Matala omavaraisuus kertoo, että yrityksen toimintaa rahoitetaan voimakkaasti velalla.

Yrityksen omavaraisuusaste lasketaan vertaamalla yrityksen oman pääoman suhdetta koko yrityksen varallisuuteen eli taseen loppusummaan. Tunnuslukua pidetään erinomaisena, jos se on yli 50 prosenttia ja hyvänä, jos se on 30–50 prosenttia. Alle 30 prosentin omavaraisuus altistaa yrityksen riskeille ja alle 15 prosentin omavaraisuutta voidaan pitää heikkona.

Pystyykö yrityksesi maksamaan laskut?

Maksuvalmis yritys pystyy selviytymään juoksevien kulujen, kuten ostolaskujen, palkkojen ja verojen maksuista ajallaan. Mikäli yritys ei suoriudu näistä velvoitteistaan, voi se ajautua maksukyvyttömäksi ja sitä kautta vaikka konkurssiin.

Maksuvalmiudella tarkoitetaan yrityksen kykyä selviytyä maksuistaan ajallaan ja edullisimmalla tavalla. Maksuvalmiuden tunnusluvut kuvaavat yrityksen kassatilannetta ja kertovat, kuinka paljon yrityksellä on rahaa käytettävissä suhteessa lyhytaikaisiin velkoihin, kuten palkkoihin, veroihin ja ostolaskuihin.

Maksuvalmiutta voidaan mitata usealla eri mittarilla, joista yleisimmät ovat quick ratio ja current ratio. Useimmat yritystietopalvelut ovat laskeneet nämä valmiiksi kaikista yrityksistä näiden julkisten tilinpäätöstietojen perusteella.

Quick ratio on maksuvalmiussuhde, joka saadaan jakamalla yrityksen likvidit varat lyhytaikaisilla veloilla. Likvideihin varoihin lasketaan käteisvarat ja pankkisaldot, markkinoilla helposti myytävät arvopaperit sekä saatavat. Lyhytaikaiset velat ovat kaikki yrityksen vuoden sisällä erääntyvät velat. Tunnusluku on hyvä, jos se on vähintään 1.

Current ratiossa likvidien varojen lisäksi lasketaan mukaan yrityksen vaihto-omaisuus, jotka jaetaan yrityksen lyhytaikaisilla veloilla. Mikäli current ratio on alle 1,5, yrityksen on vaikea suoriutua velvoitteistaan ja maksuvalmius on välttävä tai heikko.

Kasvaako yrityksesi markkinaa nopeammin?

Yrityksen vakaa talous mahdollistaa hallitun riskinoton ja kasvun. Yritys voikin hyödyntää vakaata asemaansa hakeakseen kasvua markkinoilla ja silti toimia kannattavasti.

Liiketoiminta kasvaa kannattavasti, kun yritys kasvaa toimialaa nopeampaa tahtia, toimii kannattavasti, on maksukykyinen ja sen omavaraisuusaste säilyy edelleen hyvänä.

Liiketoiminnan kasvu on hyvä suhteuttaa siihen, kuinka vauhdikkaasti koko toimialan markkina kasvaa. Kun se kasvaa toimialaa nopeammin, yhä useammat asiakkaat valitsevat mieluummin yrityksen palvelut ja tuotteet.

Käänteisesti, jos markkinan koko kasvaa nopeammin kuin yritys, menettää yritys kauppaa suhteessa kilpailijoille ja uusille toimijoille, eikä siis pärjää samalla tavalla kilpailussa asiakkaista.

Väärinkäytösten ehkäisy

Väärinkäytöksiä ovat monenlaiset teot, joihin henkilöt tai organisaatiot voivat syyllistyä saadakseen rahaa tai muuta hyötyä tai välttääkseen maksuja. Ne aiheuttavat vahinkoa heikentämällä luottamusta liike-elämään ja hallintoon. Vaikka EU-maat ovat maailmanlaajuisesti vähiten korruptoituneiden joukossa, aiheutuu korruptiosta alueella yli 120 miljardin euron vuosikustannus.

Lahjonta ja korruptio vääristävät kilpailua antamalla perusteetonta etua epärehelliselle toimijalle ja haittaamalla rehellisen liiketoiminnan edellytyksiä menestyä. Tällä on negatiivinen vaikutus investointeihin ja työmarkkinoihin. Epäeettinen toiminta altistaa yrityksen lukuisille riskeille liittyen maineenhallintaan, toimintaedellytysten pienentymiseen ja rangaistuksiin.

Alakohtaisia vaatimuksia tai valvontaa kiertävä epärehellisyys johtaa heikompilaatuisiin tuotteisiin ja palveluihin, ja voi vaarantaa käyttäjien tai ympäristön terveyden ja turvallisuuden.

Toimintatavat liittyvät organisaation hallintatapaan, henkilöstön koulutukseen ja ohjeistettuihin toimintamalleihin, joiden tarkoituksena on taata yrityksen eettinen toiminta sekä estää väärinkäytöksiä.

Yritys toimii kestävästi, kun se ehkäisee väärinkäytöksiä toiminnassaan, eli on tunnistanut riskit väärinkäytöksiin toiminnassaan ja on sitoutunut väärinkäytösten ehkäisemiseen. Yritys toimii vaikuttavasti, kun se edellä mainittujen lisäksi ehkäisee väärinkäytöksiä arvoketjussaan.

Tunnista riskit väärinkäytöksiin

Väärinkäytöksiksi lasketaan Sisäiset tarkastajat ry:n määritelmän mukaan kaikki laittomat toimet kuten petos, salailu tai luottamuksen rikkominen.

Henkilöt ja organisaatiot syyllistyvät väärinkäytöksiin saadakseen rahaa, omaisuutta tai palveluja, välttääkseen maksuja tai palvelujen menetystä tai varmistaakseen henkilökohtaisia tai liiketoiminnallisia etuja. Se voi olla käytännössä esimerkiksi veronkiertoa, osallistumista kartelleihin, lahjontaa, kiristystä tai muuta korruptiota, tiedon pimittämistä sidosryhmiltä tai tietoista välinpitämättömyyttä havaituista puutteista.

Väärinkäytös voi olla myös epäeettinen teko, jolla tavoitellaan perusteetonta hyötyä yritykselle tai sen nimissä toimivalle henkilölle. Väärinkäytös voi olla myös valta-aseman väärinkäyttöä tai häirintää.

Väärinkäytösten riski, tarkempi luonne ja todennäköisyys ovat voimakkaasti sidoksissa yrityksen toimialaan, -alueeseen ja liiketoimintamalliin. Mikään liiketoiminta ei ole täysin riskitöntä: ihmisten välisissä suhteissa on aina mahdollisuus tahattomille tai tahallisille rikkomuksille.

Vastuullinen yritys selvittää riskinsä, ottaa käyttöön tarvittavat käytännöt ja prosessit niiden minimoimiseksi sekä kannustaa rikkomuksista ilmoittamiseen.

Laadi toimintaohjeet eli code of conduct

Yrityksen toimintaohjeet (*code of conduct*) määrittelee, mihin toimintaperiaatteisiin yhtiö sitoutuu sekä miten sen työntekijöiden ja johdon odotetaan toimivan eettisesti ja vastuullisesti arjessa. Toimintaohjeet voivat sisältää periaatteet liittyen esimerkiksi lahjontaan, syrjimättömyyteen, työturvallisuuteen, ihmisoikeuksiin, tietosuojaan, eläinten hyvinvointiin ja ympäristövastuuseen.

Epäeettisen toiminnan monimuotoisuuden vuoksi Suomessa ei ole yhtä sen ehkäisyä tavoittelevaa lakia, vaan relevanttia sisältöä löytyy esimerkiksi rikoslaista, osakeyhtiölaista ja kilpailulaista. Lisäksi Suomi on osapuoli Yhdistyneiden kansakuntien korruption vastaisessa yleissopimuksessa (UNCAC), joka määrittelee korruption eri ilmenemismuodot.

Toimintaohjeet auttavat varmistamaan, että koko organisaatio toimii yhteisten arvojen ja sääntöjen mukaisesti. Niiden laatiminen tukee hyvää hallintotapaa, vähentää väärinkäytösten riskiä ja vahvistaa sidosryhmien luottamusta yritykseen.

Erityisiä teknisiä tai muotovaatimuksia toimintaohjeille ei ole. Tärkeintä on, että tieto on koottuna yhteen paikkaan, se on helposti ymmärrettävää ja koko henkilöstön helposti saatavilla. Ohjeistoon tutustuminen tulee sisällyttää kaikkien uusien työntekijöiden perehdytykseen. Yrityksen tulee myös huolehtia, että sen esihenkilöt ovat perillä väärinkäytösohjeistosta ja omasta vastuustaan väärinkäytösten havaitsemisessa.

Perusta väärinkäytösten ilmoituskanava

Väärinkäytökset paljastuvat usein ilmoitusten kautta. Ilmoittajansuojelulaki velvoittaa vähintään 50 työntekijän yrityksiä perustamaan ilmoituskanavan ja pienemmät yritykset voivat tehdä sen vapaaehtoisesti.

Ilmoituskanavan voi toteuttaa monella tapaa. Se voi olla esimerkiksi yrityksen intranetissä tai ilmoitukset voidaan ohjata suoraan määrätylle henkilölle. Tärkeää on, että ohjeistus ilmoitusten tekemiseen on selkeästi kaikkien saatavilla ja ilmoitukset käsitellään luottamuksellisesti.

Yrityksen tulee huolehtia siitä, että väärinkäytöksestä ilmoittajan henkilöllisyyttä suojellaan. Ilmoittajaan ei myöskään saa kohdistaa kielteisiä vastatoimia sen vuoksi, että hän on tehnyt ilmoituksen.

Ilmoituskanavaan tehty ilmoitus on dokumentoitava, vaikka se annettaisiin suullisesti. Ilmoittajalle on toimitettava vastaanottoilmoitus seitsemän päivän kuluessa ilmoituksen vastaanottamisesta ja sen käsittelystä vastaavan henkilön on ryhdyttävä tarpeellisiin toimenpiteisiin asian selvittämiseksi ja tarvittaessa siihen puuttumiseksi. Ilmoittajalle on annettava kolmen kuukauden kuluessa tieto siitä, mitä toimenpiteitä ilmoituksen perusteella toteutetaan.

Vaikuta: Ehkäise väärinkäytöksiä arvoketjussasi

Väärinkäytösten riskit korostuvat usein toimialoilla, joissa työtä ketjutetaan paljon alihankkijoille, käytetään paljon ulkomaista työvoimaa, hallinnoidaan suuria varallisuuseriä tai työsuhteet ovat väliaikaisia.

Tällaisilla toimialoilla voi muodostua kilpailutekijäksi se, että yritys varmistuu systemaattisesti koko arvoketjunsa huolellisesta hallinnosta ja väärinkäytösten ehkäisemisestä. Asiakkaat, kumppanit ja työntekijät arvostavat yritystä, jotka pyrkivät puhdistamaan omalla toiminnallaan toimialan huonoa mainetta ja epäeettisiä toimintatapoja.

Tätä voi tehdä esimerkiksi edellyttämällä omilta sopimuskumppaneilta sitoutumista eettiseen ohjeistoon, aktiivista väärinkäytösten seurantaa, tarkistuskäyntejä toimittajille tai todisteita epärehellisen toiminnan ehkäisemiseen tähtäävistä toimista.

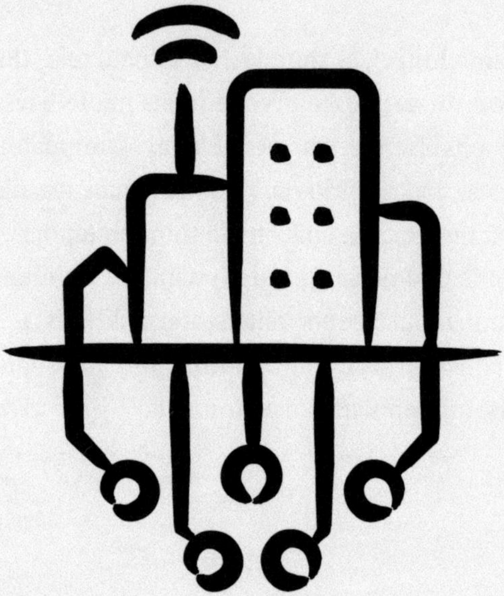

Tietoturva ja -suoja

Lähes kaikki tieto yrityksissä kulkee nykyään digitaalisesti. Samalla tietomurrot, huijaukset ja identiteettivarkaudet ovat yleistyneet ja muuttuneet yhä ammattimaisemmiksi. Tietojen käsittelyn turvallisuuteen onkin erityistä syytä kiinnittää huomiota.

Lähes jokainen yritys käsittelee luottamuksellisia tietoja, kuten henkilöstön, asiakkaiden tai loppukäyttäjien henkilötietoja, liikesalaisuuksia tai salassa pidettäviä asiakkaiden tietoja.

Tietoturvaloukkaukset voivat vaarantaa henkilöstön tai asiakkaiden yksityisyydensuojaa, mahdollistaa rikoksia, aiheuttaa mainehaittaa tai jopa vaarantaa yrityksen toiminnan jatkuvuuden.

Tietoturvaa sääntelee EU-alueella NIS2-direktiivi, joka asettaa tietoturvaan liittyviä vaatimuksia yli 50 henkilöä työllistäville yrityksille sekä yhteiskunnan toimintavarmuuden kannalta kriittisillä toimialoilla.

Yritys toimii kestävästi, kun se huolehtii tietosuojasta ja -turvasta, eli käsittelee henkilötietoja huolellisesti ja tietosuoja-asetuksen mukaisesti, on tunnistanut tietoturvaan liittyvät riskit sekä parantanut tietoturvaansa.Yritys toimii vaikuttavasti, kun edellä mainittujen lisäksi sen tietoturva on ulkopuolisen tahon auditoima.

Käsittele henkilötietoja huolellisesti

Henkilötiedoiksi luetaan kaikki tiedot, jotka liittyvät tunnistettuun tai tunnistettavissa olevaan henkilöön. Yrityksen käsittelemiä henkilötietoja voivat olla esimerkiksi nimi, yhteystiedot tai asiakastiedot. Henkilötietojen käsitteleminen liiketoiminnassa tekee yrityksestä rekisterinpitäjän.

Henkilötietojen käsittelyssä on noudatettava tietosuojalain ja EU:n tietosuoja-asetuksen (GDPR) säännöksiä. Rekisterinpitäjää koskee myös osoitusvelvollisuus, jonka mukaan henkilötietojen säilyttäjän tulee osoittaa, että se on aktiivisesti pyrkinyt tunnistamaan tietosuojaan liittyviä riskejä ja ottanut käyttöön tarvittavia toimenpiteitä henkilötietojen suojaamiseksi. Tietosuojalakien noudattamatta jättämisestä voidaan määrätä merkittäviin sakkoihin.

Tietosuoja-asetus määrittää henkilötietojen keräämiseen, käsittelyyn, säilyttämiseen ja hävittämiseen liittyviä seikkoja. Henkilötietojen kerääminen vaatii aina tietoja luovuttavan yksityishenkilön suostumuksen. Tietoja tulee kerätä vain välttämättömään tarpeeseen, ne tulee säilyttää turvallisesti ja hävittää kun niitä ei enää käsitellä. Tietojen kerääjän tulee esittää julkisesti, miksi tietoja kerätään ja miten niitä käsitellään.

Tunnista tietoturvariskit

Tietoturvasta huolehtiminen on yksi tietosuojan toteuttamisen keino. Sen tarkoitus on suojata tietojärjestelmät ja niihin tallennetut tiedot mahdollisilta tietoturvaloukkauksilta.

Tietoturvaloukkauksella tarkoitetaan tapahtumaa, jonka seurauksena henkilötietoja tai muita luottamuksellisia tietoja tuhoutuu, häviää, muuttuu, luovutetaan luvattomasti tai niihin pääsee käsiksi toimija, jolla ei ole niihin käsittelyoikeutta. Tietoturvaloukkauksesta voi seurata esimerkiksi henkilötietojen luottamuksellisten henkilötietojen paljastuminen, maineen vahingoittuminen tai jopa rikos, kuten identiteettivarkaus tai petos. Tietojen vuotaminen voi johtua rikollisesta toiminnan lisäksi myös huolimattomuudesta.

Tyypillisiä riskejä voivat olla esimerkiksi:

- Tietojenkalastelu, kuten sähköpostitse tai tekstiviestillä saapuvat viestit, joiden tarkoituksena on huijata työntekijää luovuttamaan salasanoja tai muuta arkaluonteista tietoa.
- Heikot salasanat ja tunnistautuminen
- Päivittämättömät ohjelmistot
- Haittaohjelmat ja kiristysohjelmat
- Puutteelliset varmuuskopiot
- Henkilöstön tahattomat virheet
- Laitteiden suojaamattomuus
- Suojaamattomien WiFi-verkkojen käyttäminen
- Tietosuoja-asetuksen noudattamatta jättäminen

Paranna yrityksesi tietoturvaa

Tietoturvasta huolehtiminen on yksi tietosuojan toteuttamisen keino. Sen tarkoitus on suojata tietojärjestelmät ja niihin tallennetut tiedot mahdollisilta tietoturvaloukkauksilta.

Tietoturvaan liittyviä riskejä voidaan minimoida organisatorisilla ja teknisillä ratkaisuilla, esimerkiksi

- tietoturvaratkaisuilla, kuten käyttämällä palomuureja tai haittaohjelmien havaitsemiseen ja torjuntaan tarkoitettuja ohjelmistoja
- tallentamalla tietoja ainoastaan korkean tietoturvan palveluihin
- käyttämällä tietoturvaohjelmistoja omissa laitteistoissa
- asettamalla etähallintamahdollisuudet ja käyttörajoituksia yrityksen omistamille laitteille
- järjestämällä tärkeiden tietojen säännöllisen varmuuskopioinnin
- varmistamalla kumppaneiden tietoturvan tason
- käyttämällä kaksivaiheista kirjautumista sen mahdollistavissa palveluissa
- käyttämällä salasanojen hallintaan tarkoitettuja ohjelmistoja

Tietoturvan heikoin lenkki on yleensä ihminen, joka huomaamattaan tai huolimattomalla toiminnalla aiheuttaa tietoturvariskin tai jopa tietoturvaloukkauksen. Siksi on tärkeää huolehtia, että kaikilla luottamuksellisia tietoja ja henkilötietoja käsittelevillä työntekijöillä ja kumppaneilla on tarvittavat tiedot ja taidot hallita yrityksen tietoturvaan liittyvät käytännöti sekä käytössä olevat ohjelmistot, turvatoimenpiteet sekä prosessit. Säännölliset koulutukset pitävät tietoturva-asiat mielessä.

Vaikuta: Auditoi tietoturvasi

Yrityksen tietoturva ei koskaan voi olla täysin aukoton, mutta tehtyjen toimenpiteiden vaikuttavuutta voi selvittää ja varmentaa ulkopuolisen auditoinnin avulla.

Ulkopuolinen taho pystyy varmentamaan tietoturvatoimenpiteitä, tunnistamaan tietoturvan heikkoja kohtia sekä ohjeistamaan puutteiden korjaamisessa.

Yritys voi hyödyntää esimerkiksi kansainvälistä tietoturvan ISO 27001 -standardia tai Yhdysvaltojen markkinoille kehitettyä SOC2-standardia osoittaakseen tietoturvatoimenpiteensä. Tämän lisäksi tietoturva-alan yritykset tarjoavat palveluita tietoturvan testaamiseen, tietoturva-aukkojen havaitsemiseen ja korjaamiseen.

Liiketoiminnan kestävyysriskit

Liiketoiminnan kestävyyttä uhkaavat riskit voivat tarkoittaa äkillisiäkin liiketoiminnan jatkuvuutta uhkaavia riskejä, kuten kasvaneita kuluja, toimintaedellytysten muutoksia, sakkoja, oikeusprosesseja tai mainehaittoja.

Kestävyysriskit edustavat yrityksen ulkopuolisten tekijöiden vaikutuksia sen toimintaan ja taloudelliseen kestävyyteen. Riskienhallinta tekee liiketoiminnasta kestävämpää vahvistamalla yrityksen toimintaedellytyksiä lyhyellä ja pitkällä aikavälillä.

Yritys toimii kestävästi, kun se varautuu liiketoiminnan kestävyyttä uhkaaviin riskeihin, eli tuntee ja ottaa ne huomioon liiketoimintansa kehittämisessä.

- Tuntee liiketoiminnan kestävyyttä uhkaavat riskit
- Tuntee ilmastonmuutoksen aiheuttamat riskit
- Ottaa tunnistetut riskit huomioon liiketoimintansa kehittämisessä

Yritys toimii vaikuttavasti, kun se edellä mainittujen lisäksi kehittää liiketoimintaansa kestävän kehityksen mahdollisuuksiin perustuen.

Tunne toimintaympäristön riskit

Riski uhkaa liiketoiminnan kestävyyttä, jos sen voidaan perustellusti olettaa vaikuttavan yrityksen taloudelliseen tilanteeseen, suoriutumiseen, kassavirtaan tai rahoitukseen lyhyellä tai pitkällä aikavälillä. Vaikutukset voivat koskea yritystä suoraan tai välillisesti sen arvoketjun toimijoiden tai yhteistyökumppaneiden kautta.

Hyvä työkalu riskien tunnistamiseen on PESTEL-analyysi. Siinä riskit tunnistetaan seuraavasti:

- Poliittiset riskit (*Political*), jotka liittyvät hallituksen linjaan, verotukseen, geopolitiikkaan, kauppasopimuksiin.
- Taloudelliset riskit (*Economic*), kuten korkotason muutokset, talouden syklisyys, taantumat, talouskasvu.
- Sosiaaliset riskit (*Social*), kuten trendit, kuluttajakäyttäytymisen muutokset, kulttuuri.
- Teknologiset riskit (*Technology*), kuten uudet teknologiat, innovaatiot, digitalisaatio ja uudet menetelmät.
- Ympäristöriskit (*Environment*), kuten ilmastonmuutos, sään ääri-ilmiöt ja luonnovarojen saatavuus.
- Lainsäädännölliset riskit (*Legal*), kuten kiristyvät lainsäädännöt ja niiden vaatimusten muutokset.

Riskien tunnistamiseen liittyy olennaisesti riskien todennäköisyyden ja vaikutusten arviointi yrityksen toimintaan. Nykyisten voimakkaiden toimintaympäristön muutosten aikana riskiarviota on syytä päivittää vähintään 2–3 vuoden välein, ja erityisesti silloin, kun yritys saa uutta tietoa fyysisen toimialueensa, sääntelyn tai markkinoiden muutoksista.

Ilmanstonmuutoksesta johtuvia riskejä on syytä tarkastella tarkemmin omana kokonaisuutenaan sellaisilla toimialoilla, jotka ovat erityisen alttiita sään ääri-ilmiöille, lämpötilan nousulle ja muille ilmastonmuutoksen seurauksille kuten raaka-aineiden saatavuudelle tai toimintaympäristön muutoksille. Kansainvälisen ilmastopaneelin (IPCC) mukaan tällaisia ovat erityisesti maa-, metsä- ja kalatalous, teollisuus, energiantuotanto, vesihuolto, rakentaminen, matkailuala sekä vakuutustoiminta. Ilmastonmuutos vaikuttaa myös markkinoihin, ihmisten käyttäytymiseen, lainsäädäntöön ja toimintaympäristöön.

Ilmastonmuutoksen riskeihin erikoistunut TCFD (Task force for Climate-related Financial Disclosure) jaottelee riskit seuraavasti:

- Fyysiset riskit: Sään ääri-ilmiöiden yleistyminen, kuten myrskyt, tulvat, lämpöaallot, Veden saatavuuden tai laadun häiriöt, Lämpötilan tai merenpinnan nousu
- Sääntelyriskit: Kasvihuonekaasupäästökaupan kallistuminen, Päästöraportoinnin vaatimusten lisääntyminen, Tuotteita ja palveluita koskevien vaatimusten kiristyminen
- Teknologiariskit: Nykyisten tuotteiden ja palveluiden kehittäminen vähäpäästöisemmiksi tai korvaaminen vähäpäästöisemmillä vaihtoehdoilla, Vähäpäästöisempien teknologioiden käyttöönotto
- Markkinariskit: Asiakaskäyttäytymisen muutos, Ennakoimattomuuden lisääntyminen, Raaka-aineiden hinnan kasvu tai saatavuuden heikkeneminen
- Maineriskit: Kuluttajien preferenssien muutos, Toimialan maineen heikkeneminen, Sidosryhmien kasvava huoli tai negatiivinen palaute

Varaudu riskeihin kehittämällä toimintaa

Yrityksen kestävyyden johtaminen perustuu huolelliseen näkemykseen toimintaympäristöstä ja sen mahdollisista ja todennäköisistä muutoksista. Yritystoiminnan kestävyyttä uhkaavat lyhyen ja pitkän aikavälin riskit on syytä huomioida liiketoiminnan strategisessa suunnittelussa, joka asettaa tulevaisuuden tavoitetilan ja ohjaa liiketoiminnan kehittämistä.

Jos yritys on esimerkiksi liian riippuvainen materiaalista, jonka saattavuus tai hinnoittelu saattaa vaihdella sääolosuhteista, on hyvä varautua ajoissa pohtimalla korvaavia vaihtoehtoja tai toiminnan hajauttamista myös muihin tuotteisiin, joissa ei ole samoja riskejä.

Yrityksen tavoite- ja nykytilan väliä tarkastelemalla löydetään muutokset, joihin yrityksen kehittämisessä pitäisi keskittyä. Hyvä strategia ohjaa kehittämistä määrittelemällä tavoitteen ja keinot, joilla liiketoiminta vastaa muutoksiin ympärillään. Keskeiset muutokset on tärkeää viedä käytäntöön konkreettisina kehitystoimenpiteinä tai -projekteina, joille on myönnetty tarvittava työaika ja budjetti, ja joiden edistymistä seurataan.

Kehittäminen edellyttää joustavuutta ja reaktiokykyä, sillä jatkuvasti muuttuvassa toimintaympäristössä ei voi olettaa liiketoiminnan suunnitelmankaan palvelevan täysin muuttumattomana. Yrityksen on tärkeää seurata kehitystoimien toteutumista, jotta se voi tarvittaessa tehdä korjaavia toimenpiteitä tai päivittää suunnitelmaansa. Kehittämiselle on hyvä asettaa selkeät mittarit, jotka kuvaavat toiminnan todellista suuntaa suhteessa strategiaan.

Vaikuta: Luo uutta liiketoimintaa kestävään kehitykseen perustuen

Liiketoiminnan kauaskantoisimmat vaikutukset syntyvät siitä, miten se edesauttaa kestävän yhteiskunnallisen muutoksen tapahtumista. Vaikuttavuus edellyttää, että yritys on tunnistanut toimintaansa liittyvien riskien lisäksi kestävään kehitykseen liittyviä mahdollisuuksia, joiden varaan se rakentaa tulevaa menestystä.

Mahdollisuuksiin perustuva liiketoiminnan kehittäminen voi tarkoittaa uusia tuotteita, palveluita tai liiketoimintamalleja, jotka edistävät esimerkiksi kasvihuonekaasupäästöjen vähentämistä, luonnon monimuotoisuuden vahvistamista, kiertotalouteen siirtymistä tai ihmisoikeuksien toteutumista.

Jotta liiketoiminnan voidaan katsoa edistävän kestävää kehitystä, tulee siihen pyrkiä johdonmukaisesti ja tavoitteellisesti. Kestävyyttä vahvistavien toiminnan seurausten tulee siis olla yrityksen strategisten tavoitteiden joukossa, ei pelkkä muiden liiketoiminnan tavoitteiden edistämisen oheisvaikutus.

SOSIAALINEN VASTUU

Sosiaalinen vastuu

Yritystoiminta on ihmisten välistä toimintaa. Yrityksen työntekijät auttavat omalla työllään joko toisen yrityksen työntekijöitä tai tarjoavat kuluttaja-asiakkaille näiden kaipaamia tuotteita tai palveluita.

Sosiaalisen vastuun perustana voidaan pitää humanismia ja inhimillisyyttä. Jokainen ihminen on arvokas ja ansaitsee ihmisarvoisen elämän, työolot ja oikeudet. Ihmisoikeuksia työelämässä säätelevät YK:n Ihmisoikeuksien julistus ja Kansainvälisen työjärjestö ILO:n Työelämän perusperiaatteita ja -oikeuksia koskeva julistus, joiden noudattamiseen kansainvälinen yhteisö on sitoutunut.

Yritykset ovat usein vahvemmassa valta-asemassa kuin yksilöt. Siksi sosiaalisen vastuun perusteita säännellään paljon. Lakien noudattaminen onkin hyvä lähtökohta sosiaalisen vastuun toteuttamiseen. EU-alueella työntekijöiden oikeudet on hyvin vahvasti säännelty lain ja asetusten puolesta, ja niiden toteutumista myös valvotaan tarkasti.

Kokemuksemme mukaan useimmille yrityksille sosiaalinen vastuu omista työntekijöistä on tärkein vastuullisuuden osa ja siihen ollaan valmiita panostamaan merkittävästi. Kokeneet yrittäjät ja johtajat ymmärtävät, että ilman hyvinvoivia, tyytyväisiä ja motivoituneita työntekijöitä liiketoimintakaan ei suju.

Kestävä yritys ottaa huomioon oman työvoiman oikeudet ja työolot, panostaa työympäristön turvallisuuteen ja työntekijöiden hyvinvointiin, pitää huolen henkilöstön osaamisesta ja koulutuksesta sekä puolustaa aktiivisesti työntekijöidensä yhdenvertaisuutta ja syrjimättömyyttä.

Sosiaalinen vastuu yltää myös yrityksen omia työntekijöitä pidemmälle. Se kattaa huolehtimisen ostettujen tuotteiden ja palvelujen tuottamiseen osallistuneiden ihmisten työoloista, kuluttaja-asiakkaiden tai loppukäyttäjien turvallisuudesta sekä hyvinvoinnista yhteisöissä, joiden elinoloihin tai toimintaan yrityksen toiminta vaikuttaa.

Globaalissa taloudessa tuotteet ja materiaalit saattavat tulla monen väliportaan kautta, ja niiden alkuperää on vaikea selvittää. Halpa hinta ei monesti johdu tehokkaasta tuotannosta vaan ihmisoikeuksien polkemisesta. Valitettavasti kansainvälisiin toimitusketjuihin kuuluukin edelleen myös erimuotoista pakkotyötä, lapsityövoiman käyttöä, syrjintää ja yhdistymisvapauden rajoittamista. Miljoonat ihmiset elävät nykyajan orjuudessa.

Kestävät yritykset tuntevat oman vastuunsa siitä, että heidän asiakkailleen tarjoamat tuotteet ja palvelut on tuotettu eettisesti, ihmisoikeuksia kunnioittaen koko niiden arvoketjun osalta.

Kuluttajat ja loppukäyttäjät ovat monesti heikommassa asemassa yrityksiin nähden, minkä vuoksi kuluttajatuotteiden turvallisuutta ja markkinointia säädellään ja valvotaan tehokkaasti. Vastuullinen yritys ei pyri hyötymään valta-asemastaan vaan korostaa kuluttajan oikeutta ja mahdollisuutta tehdä valistuneita ostopäätöksiä – ja halutessaan muuttaa mieltään.

Yrityksen vaikutuspiiriin voi kuulua yhteisöjä, joiden elämään ja elinoloihin yrityksen toiminta vaikuttaa. Tällaisia voivat olla esimerkiksi toiminta-alueen asukkaat, alkuperäiskansat, rakennus- ja suurhankkeiden vaikutusalueen asukkaat, tai yrityksen palveluista riippuvaiset yhteisöt.

Työntekijöiden työolot ja oikeudet

Huolehtimalla työntekijöiden oikeuksista työnantaja edistää työntekijöiden hyvinvointia ja sitoutumista. Työnantajalla on valta-asema työnjohto-oikeuden, juridisen osaamisen ja siihen käytettävien resurssien suhteen. Työntekijä käyttää suuren osan energiastaan työn tekemiseen. Siksi on tärkeää, että työnantaja huolehtii työntekijöidensä oikeuksista, kuten kohtuullisesta palkasta, työajoista ja -ehdoista.

Työnantajalla on lakisääteinen velvollisuus huolehtia työntekijöidensä oikeuksien toteutumisesta, joihin kuuluvat esimerkiksi työehtosopimusten noudattaminen, työterveyden ja -turvallisuuden järjestäminen, vakuuttaminen ja yhteistyö työntekijöiden tai heidän valitsemien edustajien kanssa.

Yritys toimii kestävästi, kun se pitää huolta henkilöstönsä oikeuksista, eli

- On huolehtinut velvollisuuksistaan työnantajana
- On laatinut työnantajan lakisääteiset dokumentit ja koonnut ne henkilöstön saataville
- Käy aktiivista vuoropuhelua työntekijöiden kanssa, ja
- Käyttää erilaisia työsopimuksia tarkoituksenmukaisesti

Yritys toimii vaikuttavasti, kun se edellä mainittujen lisäksi tarjoaa työntekijöilleen tavanomaista paremmat oikeudet.

Huolehdi velvollisuuksistasi työnantajana

Työnantajalla on velvollisuus huolehtia työntekijöidensä oikeuksien toteutumisesta järjestämällä mm. seuraavat asiat:

- Työnantajaksi rekisteröityminen: Yrityksen tulee rekisteröityä työnantajaksi, jotta työntekijöihin liittyvät maksut, kuten ennakonpidätykset, eläke- ja vakuutusmaksut voidaan hoitaa asianmukaisesti.
- Työsopimukset: Työsopimus on hyvä laatia kirjallisesti, jolloin työhön liittyvät ehdot ovat selkeät molemmille osapuolille ja mahdollisessa riitatilanteessa helposti tulkittavissa. Työsopimuksen lisäksi on laadittava tarvittaessa sopimus etätyöstä ja liukuvasta työajasta.
- Työehtosopimuksien noudattaminen: Työehtosopimus, tuttavallisesti TES, on työntekijäliiton sekä työnantajaliiton tai yksittäisen suuren työnantajan välinen sopimus, jossa sovitaan alan työehdoista, kuten palkoista, työajoista, lomista ja lisistä. TES turvaa työntekijöille vähimmäistyöehdot ja voi sisältää alakohtaisia määräyksiä, jotka ylittävät lakisääteisen minimitason. Yleissitova työehtosopimus velvoittaa kaikkia alalla, normaalisitova sopimus alan työnantajaliittoon järjestäytyneitä työnantajia ja yrityskohtainen sopimus kyseistä yritystä. Yleissitoviksi vahvistetut työehtosopimukset löytyvät Finlex-verkkopalvelusta.
- Työnantajan lakisääteiset vakuutukset: Yrityksen tulee järjestää työntekijöilleen työeläke- eli TyEL-vakuutus, työtapaturma- ja ammattitautivakuutus sekä työntekijäin ryhmähenkivakuutus, jos yrityksen toimialan yleissitova työehtosopimus niin edellyttää.

- Ennakonpidätykset, sairasvakuutus- ja työttömyysvakuutusmaksut: Yrityksen tulee ilmoittaa työntekijän palkanmaksu Tulorekisteriin sekä tilittää työntekijän palkasta ennakonpidätys verottajalle sekä maksaa sairasvakuutus- ja työttömyysvakuutusmaksut.
- Työajanseuranta: Työnantajalla on velvollisuus järjestää työajanseuranta. Työaikalaki velvoittaa jokaisen työnantajan pitämään kirjaa tehdyistä työtunneista, näyttämään kirjanpidon pyydettäessä työntekijälle, työsuojeluviranomaiselle tai työntekijöiden edustajalle sekä säilyttämään aineiston vähintään kahden vuoden ajan.
- Mikäli yritys käyttää ulkomaalaisia työntekijöitä, tulee työnantajan huolehtia, että työntekijän työnteko-oikeus on voimassa koko työsuhteen keston ajan sekä järjestää ulkomaalaisen työntekijänsä palkka-asiat ja lakisääteiset vakuutukset säännösten mukaisesti.
- Vähimmäispalkka: Suomessa ei ole lailla säädettyä yleistä minimipalkkaa, mutta työnantajan on maksettava vähintään TES:n mukaista palkkaa. Jos alalla ei ole yleissitovaa työehtosopimusta, työnantajan on maksettava työstä tavanomaista ja kohtuullista palkkaa.

Laadi ja kerää yhteen henkilöstön tarvitsemat tiedot

Työnantajan tulee pitää työntekijöiden saatavilla useita lakisääteisiä dokumentteja yrityksen henkilöstön koon mukaisesti. Niistä löytyy vastauksia keskeisiin käytännön kysymyksiin, jotka koskevat esimerkiksi palkanmaksua, työaikoja, työterveydenhuoltoa, etätyötä, henkilöstöetuja, lomia, eläkkeitä, vakuutuksia, työsuojelua ja -turvallisuutta sekä työntekoon käytettäviin laitteisiin ja ohjelmistoihin liittyviä asioita. Tiedot voi kerätä keskitetysti esimerkiksi yrityksen intranetiin, ilmoitustaululle tai henkilöstöoppaaseen. Vaadittuja dokumentteja yrityksen koon mukaan ovat seuraavat:

Kaikki työnantajat

- Perehdyttämissuunnitelma
- Työsuojelun toimintaohjelma, vaarojen arviointi ja työterveyskysely
- Työterveyshollon toimintasuunnitelma
- Rekisteriseloste, josta käy ilmi työntekijöistä ja -hakijoista kerätyt ja käsitellyt henkilötiedot, käsittelyn perusteet ja tarkoitukset.
- Pakollinen esillä pidettävä lainsäädäntö

Yli 20 työntekijää: Henkilöstösuunnitelma

Yli 30 työntekijää

- Koulutussuunnitelma
- Yhdenvertaisuussuunnitelma
- Tasa-arvosuunnitelma

Muita yrityksen toiminnan luonteen takia lakisääteisiä dokumentteja voivat olla esimerkiksi päihdeohjelma, väkivalta- ja uhkatilanneohje sekä ohjeistus häirinnän ja epäasiallisen kohtelun torjumiseksi.

Käy vuoropuhelua henkilöstön kanssa

Työnantajan ja henkilöstön välisen vuoropuhelun tarkoituksena on tiivistää osapuolten yhteistoimintaa työntekijöiden aseman parantamiseksi. Vuoropuhelu liittyy ennen kaikkea sellaisiin kysymyksiin, jotka ovat työnantajan päätösvallassa. Säännöllisessä vuoropuhelussa voidaan käsitellä muun muassa työhyvinvointia, yrityksen tai yhteisön taloudellista tilannetta, työpaikan sääntöjä ja käytäntöjä sekä henkilöstön rakennetta ja osaamistarpeita.

Vuoropuhelun toteuttamista säännellään yhteistoimintalailla, jota sovelletaan yrityksiin, joiden palveluksessa työskentelee vähintään 20 työntekijää. Laissa säännellään jatkuvasta vuoropuhelusta työnantajan ja henkilöstön välillä, muutosneuvotteluista liiketoiminnan muutostilanteissa sekä henkilöstön hallintoedustajasta yli 150 työntekijän yrityksissä.

Työpaikat sopivat itse, millä tavalla ne toteuttavat vuoropuhelua käytännössä. Vuoropuhelut henkilöstön edustajan kanssa tulee järjestää yli 30 työntekijän yrityksessä vähintään neljännesvuosittain ja alle 30 työntekijän yrityksissä puolivuosittain. Mikäli henkilöstön edustajaa ei ole valittu, voidaan vuoropuhelu toteuttaa kerran vuodessa koko henkilöstölle järjestettävässä tilaisuudessa.

Työnantajan on myös annettava henkilöstölle tai sen edustajalle säännöllisesti tietoa yrityksen taloudellisesta tilanteesta, henkilöstömääristä, määräaikaisten ja osa-aikaisten työntekijöiden määristä, työntekijöiden palkoista, ulkopuolisen työvoiman käytön työkohteista, työtehtävistä ja ajanjaksoista sekä tilinpäätös ja toimintakertomus. Työnantajan on myös hyvä viestiä kuinka henkilöstön edustajien nostamiin epäkohtiin on puututtu.

Käytä erilaisia työsopimuksia tarkoituksenmukaisesti

Yrityksen henkilöstö koostuu monesti erimuotoisilla sopimuksilla työskentelevistä työntekijöistä. Vakituiset työntekijät muodostavat usein toiminnan ytimen ja tuovat jatkuvuutta yrityksen toimintaan. Määräaikaisia työsuhteita käytetään tyypillisesti esimerkiksi sijaisuuksissa tai kausityössä. Vaihtelevan työajan sopimukset, niin sanotut nollatuntisopimukset, mahdollistavat joustavan työpanoksen tarpeiden vaihtuessa nopeasti ja merkittävästi, mutta niiden käyttö vaatii aina vahvat perusteet.

Lisäksi organisaatiossa voi työskennellä ei-työsuhteisia henkilöitä, kuten toimeksiantosopimuksella toimivia itsenäisiä ammatinharjoittajia tai vuokratyöntekijöitä, joita käytetään esimerkiksi tilapäisiin tarpeisiin. Näiden työntekijäryhmien määrän seuraaminen auttaa arvioimaan työvoiman rakennetta ja resursoinnin joustavuutta.

Käytettäessä freelancereita tai muita laskutuksella toimivia yksityishenkilöitä yrityksen tulee huolehtia, että heille maksettava korvaus vastaa vähintään työsuhteessa olevalle samasta työstä maksettavaa palkkaa ja henkilöstösivukuluja.

Erinomaisessakin yrityksessä työntekijät lähtevät erilaisissa elämäntilanteissa. Hieman suuremmissa yrityksissä työntekijöiden lähtövaihtuvuus on kuitenkin hyvä mittari työpaikan vetovoimasta, työhyvinvoinnista ja johtamisen onnistumisesta. Lähtövaihtuvuus kuvaa, kuinka moni työntekijä poistuu yhtiön palveluksesta suhteessa kaikkiin työntekijöihin esimerkiksi vuoden aikana. Lähtövaihtuvuutta on hyvä seurata, koska korkea vaihtuvuus voi aiheuttaa kustannuksia, heikentää tiimien jatkuvuutta ja vaikuttaa työn laatuun. Toisaalta se voi myös tuoda mahdollisuuksia uudistua ja kehittää organisaatiota.

Vaikuta: Tarjoa työntekijöille vaadittavia paremmat oikeudet

Työehtosopimukset säätelevät usein tarkasti työntekijöiden oikeudet palkan, työaikojen, lomien ja muiden olennaisten käytäntöjen suhteen. Näitä minimivaatimuksia parempien etujen tarjoaminen työntekijöille voi olla kuitenkin merkittävä tapa parantaa houkuttelevuutta työnhakijoiden keskuudessa sekä työntekijöiden sitoutumista yritykseen.

Yritys voi esimerkiksi maksaa minimivaatimuksia parempaa palkkaa, tulospalkkioita tai bonuksia, optioita yrityksen osakkeisiin, henkilöstöetuja kuten liikunta-, lounas tai kulttuurietuja tai palkkaa vanhempainvapaan aikana.

Rahallisten etujen rinnalla tärkeitä vetovoimatekojöitä voivat olla joustavat työajat, etätyömahdollisuudet, työn joustaminen perhetilanteissa ja mahdollisuudet vaikuttaa omiin loma-aikoihin säänneltyä tarkemmin. Jotkin yritykset antavat työntekijöiden päättää ja hankkia omat työkalunsa ja -välineensä vapaavalintaisesti. Myös monipuoliset vaikutusmahdollisuudet omiin työtehtäviin ja omaan urakehitykseen koetaan tärkeiksi.

Yleisesti vapausasteiden ja kehittymismahdollisuuksien tarjoaminen ovat monille työntekijöille rahaakin arvokkaampia tekijöitä työnantajaa valitessa.

Työntekijöiden hyvinvointi

Hyvinvoiva henkilöstö on yrityksen tärkein voimavara. Hyvinvoinnista huolehtimisen laiminlyönti voi johtaa korkeampiin sairaspoissaoloihin, henkilöstön tyytymättömyyteen, motivaation puuttumiseen ja yleisen ilmapiirin heikentymiseen.

Työnantajan on huolehdittava, että työn tekeminen on turvallista ja työntekijöiden fyysistä tai mielenterveyttä ei vaaranneta. Kestävä yritys panostaa työolosuhteisiin, joissa henkilöstön terveys ja turvallisuus on aina työn suorittamista tärkeämpää.

Yritys toimii kestävästi, kun se pitää huolta työhyvinvoinnista seuraavilla tavoilla:

- On tunnistanut työterveyteen ja -turvallisuuteen liittyvät riskit
- Parantaa työn turvallisuutta
- Huolehtii työkyvyn ylläpidosta varhaisen tuen mallillla
- Järjestää kaikille työntekijöille työterveydenhuollon

Yritys toimii vaikuttavasti, kun se edellä mainittujen lisäksi investoi hyvinvointia tukevien käytäntöjen ja olosuhteiden kehittämiseen.

Tunnista työn terveys- ja turvallisuusriskit

Jokaisessa työssä on työntekijän terveyteen ja turvallisuuteen liittyviä riskejä. Fyysisessä työssä turvallisuusriskit voivat liittyä esimerkiksi tapaturmiin koneiden käytön, korkeiden paikkojen, raskaiden painojen tai vaarallisten aineiden suhteen. Riskejä voivat aiheuttaa myös altistumiset haitallisille päästöille, kuten kemikaaleille, kaasuille, melulle tai tärinälle.

Tietotyössä riskit voivat taas liittyä enemmän työn kuormittavuuteen, epäselvään työnkuvaan tai pitkäkestoiseen stressiin. Myös istumatyötä tekevien työergonomia voi aiheuttaa fyysisiä haittoja.

Työturvallisuuslain mukaan jokaisella työnantajalla on oltava työsuojelun toimintaohjelma. Siinä kuvataan työolosuhteiden vaikutukset työntekijöiden terveyteen ja turvallisuuteen, työolojen kehittämistarpeet sekä tavoitteet ja keinot terveyden, turvallisuuden ja työkyvyn edistämiseksi. Työsuojelun toimintaohjelmassa tulee ottaa huomioon ainakin seuraavat seikat:

- kuvaus työstä ja työoloista ja niiden vaikutuksista työntekijöiden terveyteen ja turvallisuuteen
- kuvaus työolojen kehittämistarpeista
- työnantajan, esihenkilöiden ja työntekijöiden velvollisuudet, vastuut, oikeudet ja toimivaltuudet työsuojeluasioissa
- työsuojeluorganisaation esittely
- työterveyshuollon esittely sekä sen tehtävät työsuojelutoiminnassa
- kuvaus, miten työsuojeluasiat huomioidaan työpaikan jokapäiväisessä toiminnassa, esimerkiksi miten järjestetääntyöolojen, työtapojen ja työyhteisön tilan jatkuva tarkkailu
- työntekijöiden ja esihenkilöiden työsuojeluasioihin perehdyttäminen ja työnopastus

- työtapaturmien, ammattitautien ja vaaratilanteiden tutkinta
- työsuojelunäkökulman huomioon ottaminen hankinnoissa ja muutostilanteissa
- tieto työnantajan laatimista turvallisuusohjeista

Työsuojeluun on erittäin tärkeää sitouttaa koko työyhteisö, jotta sen tavoitteet saavutetaan. Työnantajan on varmistettava, että toimintaohjelma tiedotetaan koko henkilöstölle ja sen tulee olla henkilöstön saatavilla. Uusille työntekijöille työpaikan työsuojelukäytännöt tulee olla olennainen osa työhön perehdyttämistä.

Yrityksen johdon tulee seurata työsuojelun toimintaohjelman toteutumista, ja se on pidettävä ajan tasalla seuraamalla ohjelman sisältöä ja tavoitteiden toteutumista säännöllisin väliajoin tai olosuhteiden olennaisesti muuttuessa.

Paranna työnteon turvallisuutta

Työhyvinvointia voidaan parantaa konkreettisilla toimenpiteillä, jotka pienentävät työtapaturmien, sairastumisten tai uupumisen riskiä. Toimenpiteet tulee tunnistaa osana työsuojelun toimintaohjelmaa.

Tällaisia toimenpiteitä voivat olla esimerkiksi fyysisen työympäristön parantaminen hankkimalla uusia, ergonomisia työvälineitä, pienentämällä riskejä työtapaturmiin, käyttämällä suojavarusteita ja parantamalla työympärisön turvallisuutta ohjeistuksin tai turva-alueiden avulla.

Työn henkistä kuormittavuutta voidaan parantaa esimerkiksi vähentämällä työn psykososiaalista kuormitusta. Tässä on syytä kiinnittää huomiota ennen kaikkea työtapoihin, työtehtävien selkeyteen ja sisäiseen viestintään.

Yhteistyö työsuojeluvaltuutetun ja -toimikunnan kanssa on tärkeää työturvallisuuden parantamisessa. Yli 10 hengen yritysten tulee nimetä työsuojeluvaltuutettu ja yli 20 hengen yritysten työsuojelutoimikunta, joka toimii henkilöstön edustajana työsuojeluasioissa.

Huolehdi työntekijöiden työkyvystä

Työntekijän sairastuminen tai uupuminen työn takia on aina inhimillinen tragedia. Tämän lisäksi se on työnantajalle kallista monella tavalla. Sairaspoissaolot, sijaistamiset ja viivästymiset aiheuttavat kuluja. Lisäksi hyvinvoinnin laiminlyönti voi vähentää henkilöstön sitoutumista ja motivaatiota sekä heikentää työpaikan kulttuuria. Työnantajan kannattaakin panostaa hyvinvoinnin kulttuuriin ja työkyvyn ylläpitoon, jotta työntekijät voivat hyvin, jaksavat työssä ja kestävät työn rasitusta paremmin.

Työkykyä voidaan ylläpitää varhaisen tuen toiminnalla, joka tunnetaan myös termeillä varhainen välittäminen ja varhainen puuttuminen. Se tarkoittaa, että työntekijöiden työkyvyn ylläpitoa tuetaan ja sen heikkenemistä ehkäistään pitkällä aikavälillä. Sen avulla työn tekemiseen liittyvät ongelmat huomataan mahdollisimman varhain ja niihin voidaan puuttua järjestelmällisesti.

Varhaisen tuen toiminnan avulla vahvistetaan, että työntekijät suoriutuvat työstään, vähennetään sairauspoissaoloja ja työkyvyttömyyttä sekä niistä aiheutuvia kustannuksia. Tämän lisäksi voidaan edistää sitä, että esihenkilöt ja työntekijät tarttuvat ripeästi huoliin ja ongelmiin ja että työntekijöiden työhön paluuta tuetaan sairauspoissaolojen jälkeen.

Varhaisen tuen toiminta ei ole pakollista, mutta monet työeläkevakuuttajat tarjoavat siihen monipuolista tukea, joka kannattaa hyödyntää!

Järjestä työterveydenhuolto

Työterveyshuoltolain mukaan työnantajan on järjestettävä työterveyshuolto työstä ja työolosuhteista johtuvien terveysvaarojen ja -haittojen ehkäisemiseksi ja torjumiseksi sekä työntekijöiden turvallisuuden, työkyvyn ja terveyden suojelemiseksi ja edistämiseksi.

Lakisääteinen työterveyshuolto sisältää työhön liittyvät terveystarkastukset, työpaikkaselvityksen, työkyvyn tukemisen ja sairauksien tai oireiden selvittelyn, joilla on yhteyttä työhön.

Työnantaja voi päättää työterveydenhuollon tarjoajan. Työterveyspalveluita tarjoavat sekä julkiset terveyskeskukset että yksityiset terveydenhuollon yritykset.

Yrityksen tulee tehdä työterveyshuollon kanssa kirjallinen sopimus palveluista sekä laatia toimintasuunnitelma työterveyshuollon toteuttamiseksi. Työterveyshuoltotoiminnan perusta on työpaikkaselvitys, josta työterveyshuolto tekee kirjallisen raportin.

Mikäli työntekoon liittyy erityisiä sairastumisen vaaraa lisääviä tekijöitä, kuuluu työterveyteen myös säännölliset terveystarkastukset.

Panosta hyvinvointia tukeviin työtapoihin

Henkilöstön hyvinvointiin panostava työnantaja kiinnittää huomiota hyvinvointiin osana yrityksen kulttuuria, toimintatapoja ja -ympäristöjä. Se tekee aktiivisesti toimenpiteitä, jotka vähentävät työn psykososiaalista kuormitusta, lisäävät voimavaratekijöitä ja vahvistavat työyhteisön psykologista turvallisuutta.

On myös tärkeää, että työnantaja osallistaa henkilöstöä tai sen edustajia säännöllisesti hyvinvoinnin käytäntöjen kehittämiseen sekä seuraa hyvinvoinnin kehittymistä esimerkiksi säännöllisten henkilöstökyselyiden ja sairaspoissaolojen syiden seurannan avulla.

Työnantaja voi tukea henkilöstön hyvinvointia investoimalla parempiin työolosuhteisiin, kehittämällä työtapoja ja työn kuormittavuutta, helpottamalla työn ja vapaa-ajan yhdistämistä sekä lisäämällä joustavuutta erilaisissa elämäntilanteissa.

Hyvinvoinnin ylläpitoa voivat tukea myös henkilöstöedut, mutta niiden tarjoaminen ei kuitenkaan riitä ilman aktiivisia toimenpiteitä työn kuormittavuuden helpottamiseksi. Myös mielenterveyden palveluihin pääsyä voidaan helpottaa esimerkiksi tekemällä yhteistyösopimus lyhytterapiaa tarjoavien palveluntarjoajien kanssa.

Työntekijöiden osaaminen

Yrityksen kilpailukyky on usein riippuvainen työntekijöiden osaamisesta ja sen ajanmukaisuudesta uusien työvälineiden, työtapojen sekä asiakastarpeiden mukaisesti. Nopeasti muuttuvilla markkinoilla asiakkaiden tarpeet ja työntekoa tehostavat työkalut kehittyvät nopeasti.

Henkilöstön osaamisen kehittämisen tavoitteena on pitää työntekijät työmarkkinakelpoisina. Työntekijöiden pitäisi omaksua markkinoiden vaatimia taitoja, joiden avulla he pystyisivät työllistymään samalla toimialalla muihin yrityksiin. Kouluttamisella on usein suuri vaikutus työntekijöiden sitoutumiseen ja työnantajamielikuvaan.

Kestävä yritys pitää huolta työntekijöiden huolellisesta perehdyttämisestä, osaamistarpeiden kartoittamisesta ja henkilöstön säännöllisestä kouluttamisesta.

Yritys toimii kestävästi, kun sen henkilöstöllä on työssä tarvittava osaaminen, eli se

- Perehdyttää kaikki työntekijät huolellisesti uusiin työtehtäviin, toimintatapoihin ja työkaluihin
- Kouluttaa henkilöstöä vastaamaan liiketoiminnan tarpeita

Yritys toimii vaikuttavasti, kun edellä mainittujen lisäksi sen työntekijät vaikuttavat oman osaamisensa kehittämiseen.

Perehdytä työntekijät huolella – sekä uudet että vanhat uuden äärellä

Perehdytys voidaan ajatella helposti uuden työntekijän ensimmäisen päivän opastuksena talon tapoihin. Perehdytyksestä pitäisi pitää huolta myös, kun vanha työntekijä saa käyttöönsä uusia työvälineitä ja järjestelmiä, yrityksessä otetaan käyttöön uusia toimintatapoja tai työntekijä siirtyy uusiin työtehtäviin.

Perehdyttämisen tarkoituksena on antaa uudelle tai uusiin työtehtäviin siirtyvälle työntekijälle riittävät tiedot liittyen työn sisältöön, työolosuhteisiin, työ- ja tuotantomenetelmiin, työssä käytettäviin työvälineisiin ja niiden oikeaan käyttöön sekä turvallisiin työtapoihin.

Perehdytyssuunnitelman laatiminen on pakollista kaikille työnantajille. Jokaiselle uudelle työntekijälle tai uusiin työtehtäviin siirtyvälle työntekijälle laaditaan kirjallinen perehdyttämissuunnitelma, jossa kuvataan perehdytyksen sisältö ja eteneminen. Suunnitelmaa laadittaessa otetaan huomioon tapauskohtaisesti työntekijän ammattitaito, kokemus ja koulutus sekä työsuhteen kesto.

Hyvän perehdytyksen tavoitteena on varmistaa, että työntekijä pääsee käynnistämään uudet työtehtävät tai jatkamaan työtään mahdollisimman tehokkaasti mahdollisimman pian.

Kouluta henkilöstöä ennakoivasti

Henkilöstön koulutuksen suunnittelun lähtökohtana on arvioida yrityksen tarvitseman ammatillisen osaamisen tarpeissa tapahtuvia muutoksia. Nämä muutokset voivat johtua esimerkiksi käyttöön otettavista uusista työmenetelmistä, ohjelmistoista ja koneista sekä muutoksista lainsäädännössä, yrityksen toimintaympäristössä, liiketoiminnassa tai palveluvalikoimassa. Nykyisen henkilöstön kouluttamisen lisäksi tarvetta voi joskus olla myös uusien osaajien toimialalle kouluttamiseen.

Koulutussuunnitelman laatiminen osana henkilöstösuunnitelmaa on pakollinen kaikille yli 30 henkeä työllistäville. Sekä työnantaja- että työntekijäpuoli voivat tuoda esille näkemyksiään koulutukseen liittyvistä tarpeista yhteistoimintaneuvotteluissa.

Koulutussuunnittelma koostuu kahdesta osasta: osaamistarpeiden arviosta ja arvioon perustuvasta suunnitelmasta ammatillisen osaamisen kehittämiseksi. Koulutussuunnitelman lähtökohtana ovat työnantajan toiminnassa tällä hetkellä tarvitsema osaaminen sekä työntekijöiden pitkän aikavälin työllistymismahdollisuudet työnantajan palveluksessa.

Osaamisen kehittäminen voi käytännössä tarkoittaa esimerkiksi säännöllisiä koulutuksia, työntekijäkohtaista koulutusbudjettia, esihenkilöiden johtamiskoulutusta sekä mentorointia. Toteutuksessa on tärkeää kiinnittää huomiota läpinäkyvään viestintään koulutusmahdollisuuksista sekä edellytyksistä niihin pääsemiseksi.

Vaikuta: Huolehdi, että työntekijät vaikuttavat osaamisensa kehittämiseen

Nopeasti muuttuvassa toimintaympäristössä parhaiten menestyvät yritykset ovat niitä, jotka panostavat pitkäjänteisesti työntekijöidensä osaamisen kehittämiseen ja uudistumiskykyyn. Taitojen ja tietojen ajantasaisuus ei ole vain työntekijän etu, vaan koko organisaation kilpailukyvyn kannalta kriittinen tekijä.

Yrityksen vaikutus työntekijöiden osaamisen kehittymiseen on vahvimmillaan silloin, kun työntekijöillä on aito mahdollisuus osallistua ja tehdä valintoja sen suunnitteluun ja toteutukseen liittyen. Tämä tarkoittaa esimerkiksi sitä, että työntekijöitä kuullaan osaamistarpeiden kartoittamisessa, kehityskeskusteluissa sovitaan yhteisistä tavoitteista, ja koulutusmahdollisuuksia tarjotaan yksilöllisesti eikä vain rooliperusteisesti.

Monet yritykset tarjoavat henkilöstölleen esimerkiksi pääsyn toimialakohtaisiin koulutuspalveluihin, jotka voivat sisältää webinaareja, koulutusmateriaaleja, minikursseja tai interaktiivista oppimissisältöä. Jotkut yritykset myöntävät työntekijöille henkilökohtaisen koulutusbudjetin, jonka käyttö on työntekijän itsensä päätettävissä – esimerkiksi kurssimaksuihin, seminaareihin, sertifikaatteihin tai opintomatkoihin.

Osaamisen kehittämisen mahdollisuuksien ei kuitenkaan tarvitse rajoittua muodolliseen koulutukseen. Myös työkierto, mentorointi, varjostaminen, sisäiset työpajat ja osaamisen jakaminen kollegoiden kesken voivat olla tehokkaita keinoja oppia uutta. Lisäksi mahdollisuus käyttää työaikaa uuden oppimiseen voi lisätä motivaatiota ja oppimisen arvoa arjen työssä.

Työntekijöiden yhdenvertaisuus

Työnantajan velvollisuus on huolehtia tasa-arvon, yhdenvertaisuuden ja syrjimättömyyden toteutumisesta työyhteisössä. Näin tuetaan kaikkien työntekijöiden yhdenvertaisia mahdollisuuksia osallistua työelämään. Turvallinen työympäristö parantaa työntekijöiden tuottavuutta, luovuutta ja sitoutumista.

Työnantajalla on velvollisuus aktiivisesti edistää yhdenvertaisuutta ja kehittää syrjimättömiä työoloja ja toimintatapoja. Työnantajan tulee ennaltaehkäistä työntekijöidensä syrjintää esimerkiksi iän, alkuperän, kansalaisuuden, kielen, uskonnon, vakaumuksen, mielipiteen, poliittisen toiminnan, perhesuhteiden, terveydentilan, seksuaalisen suuntautumisen tai muun henkilöön liittyvän syyn takia. Tämän lisäksi tasa-arvolain mukaan työnantajan velvollisuus on edistää sukupuolten välistä tasa-arvoa sekä ennaltaehkäistä sukupuoleen perustuvaa syrjintää.

Yritys toimii kestävästi, kun se huolehtii työntekijöiden yhdenvertaisesta kohtelusta ja syrjimättömyydestä, eli

- On sitoutunut työntekijöiden yhdenvertaisuuden edistämiseen sekä julkaissut toimintaohjeet syrjintätapausten varalta
- On selvittänyt sukupuolten välisen tasa-arvon toteutumista yrityksessä ja sitoutunut havaittujen puutteiden korjaamiseen
- On selvittänyt yhdenvertaisuuden ja syrjimättömyyden toteutumista yrityksessä ja sitoutunut havaittujen puutteiden korjaamiseen

Yritys toimii vaikuttavasti, kun se edellä mainittujen lisäksi edistää työyhteisönsä moninaisuutta, osallisuutta ja yhteenkuuluvuutta.

Sitoudu julkisesti yhdenvertaisuuteen ja syrjimättömyyteen

Työnantajan velvollisuutena on edistää yhdenvertaisuutta työpaikalla. Tärkein ensimmäinen teko on se, että yritys viestii selvästi ja kuuluvasti, että työntekijöiden yhdenvertaisuus ja syrjimättömyys ovat rikkomattomat periaatteet yrityksessä.

Yksi hyvä keino edistää tätä on julkaista sisäinen yhdenvertaisuusohjeisto, jossa kuvataan yhdenvertaisuuden periaatteet, nimetään ei-hyväksytty toiminta sekä toimintaohjeet työntekijöille, jotka kokevat tai havaitsevat syrjintää tai häirintää työyhteisössä. Yhdenvertaisuusperiaatteet on syytä nostaa esille myös mahdollisessa henkilöstöoppaassa ja uusien työntekijöiden perehdytyksessä.

Työturvallisuuslain mukaan työnantajalla on velvollisuus puuttua työpaikalla tapahtuvaan häirintään saatuaan siitä tiedon. Henkilöstölle on siksi suositeltavaa viestiä selkeä ja turvallinen tapa raportoida häirinnästä tai syrjinnästä, jotta huoli ilmoituksen henkilöitymisestä ei ole este tapauksen ilmoittamiselle ja ilmoitus tulee myös varmasti käsiteltyä asianmukaisesti.

Tyypillinen ohjeistus on ilmoittaa häirinnästä esihenkilölle. Sen varalta, että esihenkilö itse syyllistyy häirintään tai ei puutu häirintään, tulee työntekijälle ohjeistaa myös vaihtoehtoinen kanava. Työntekijä voi ilmoittaa häirinnästä myös suoraan työsuojeluvaltuutetulle, luottamushenkilölle tai työterveyshuoltoon. Mikäli yritys ei ota ilmoitusta häirinnästä käsittelyyn ja puutu siihen kohtuullisessa ajassa, voi työntekijä olla yhteydessä työsuojeluviranomaiseen.

Selvitä tasa-arvon toteutuminen yrityksessä – ja korjaa havaitut puutteet

Tasa-arvolain mukaan työnantajan velvollisuus on edistää sukupuolten välistä tasa-arvoa sekä ennaltaehkäistä sukupuoleen perustuvaa syrjintää.

Käytännössä työntekijöille tulisi maksaa samaa palkkaa samoista työtehtävistä sukupuolesta riippumatta. Lisäksi kaikille tulisi taata tasa-arvoiset mahdollisuudet urakehitykseen sekä vaikutusmahdollisuudet työtehtäviin ja työolosuhteisiin.

Mikäli yritys työllistää säännöllisesti vähintään 30 työntekijää, työnantajan on laadittava vähintään joka toinen vuosi tasa-arvosuunnitelma, joka koskee erityisesti palkkausta ja muita palvelussuhteen ehtoja. Tasa-arvosuunnitelma on laadittava yhteistyössä henkilöstön edustajien kanssa. Se voidaan sisällyttää osaksi henkilöstö- ja koulutussuunnitelmaa tai työsuojelun toiminta-ohjelmaa.

Osana tasa-arvosuunnitelmaa tulisi laatia tasa-arvoselvitys, joka kartoittaa tilanteen tasa-arvon toteutumisesta työpaikalla. Se sisältää tarkastelun naisten ja miesten sijoittumisesta eri tehtäviin sekä kartoituksen naisten ja miesten tehtävien luokituksesta, palkoista ja palkkaeroista. Lisäksi tasa-arvoselvityksessä tulisi kuvata suunnitellut toimenpiteet tasa-arvon edistämiseksi ja palkkauksellisen tasa-arvon saavuttamiseksi sekä arvion aikaisempien toimenpiteiden toteuttamisesta ja niiden tuloksista.

Selvitä yhdenvertaisuuden ja syrjimättömyyden toteutuminen

Yhdenvertaisuuslain mukaan työnantajalla on velvollisuus aktiivisesti edistää yhdenvertaisuutta ja kehittää syrjimättömiä työoloja ja toimintatapoja. Työnantajan tulee ennaltaehkäistä työntekijöidensä syrjintää esimerkiksi iän, alkuperän, kansalaisuuden, kielen, uskonnon, vakaumuksen, mielipiteen, poliittisen toiminnan, perhesuhteiden, terveydentilan, seksuaalisen suuntautumisen tai muun henkilöön liittyvän syyn takia.

Syrjinnäksi lasketaan myös häirintä, jota on esimerkiksi seksuaalinen häirintä, toistuva uhkailu, pelottelu, ilkeät ja vihjailevat viestit, väheksyvät ja pilkkaavat puheet, työnteon jatkuva perusteeton arvostelu ja vaikeuttaminen, maineen tai aseman kyseenalaistaminen ja työyhteisöstä eristäminen. Myös työnantaja voi syyllistyä häirintään väärinkäyttämällä työnjohto-oikeutta.

Mikäli yritys työllistää säännöllisesti vähintään 30 työntekijää, työpaikalla on oltava suunnitelma tarvittavista toimista yhdenvertaisuuden edistämiseksi. Suunnitelmalle ei ole määrämuotoa, mutta sen tulee olla todennettavissa ja tarkastettavissa. Yhdenvertaisuussuunnittelun prosessi koostuu neljästä vaiheesta: työpaikan yhdenvertaisuustilanteen selvityksestä, työpaikan tarpeiden arvioinnsta, tarvittavien edistämistoimenpiteiden toteutuksesta sekä toimenpiteiden vaikuttavuuden seuraamisesta.

Vaikuta: Edistä moninaisuutta, osallisuutta ja yhteenkuuluvuutta

Yhdenvertaisuuden (englanniksi *equity*) lisäksi kestävään työyhteisöön vaikuttavat moninaisuus (*diversity*), osallisuus (*inclusion*) ja yhteenkuuluvuus (*belonging*). Yhdessä näistä termeistä käytetään myös yleisesti lyhennettä DEIB.

Moninaisuudessa on kyse siitä, että yritys edistää henkilöstönsä keskinäistä erilaisuutta esimerkiksi henkilökohtaisten ominaisuuksien, kuten iän, sukupuolen, etnisen tai kansallisen taustan, kielen, uskonnon, seksuaalisen suuntautumisen, perhetilanteen, vammaisuuden, terveydentilan, työkyvyn, neurodiversiteetin, koulutustaustan, arvojen ja persoonallisuuden osalta.

Osallisuus taas tarkoittaa tästä erilaisuudesta riippumatonta, kaikkia osallistavaa ja mukaan ottavaa toimintatapaa siten, että ihmiset eri taustoista kokevat itsensä tervetulleiksi töihin ja tasavertaisesti kohdelluiksi. Yhteenkuuluvuus on tunne siitä, että on osa suurempaa ryhmää, ja se koetaan hyväksytyksi tulemisena ja kunnioituksena.

Moninaisuuden, osallisuuden ja yhteenkuuluvuuden kehittämisellä on useita liiketoiminnallisia hyötyjä. Yritykset voivat hyödyntää erilaisuutta työmarkkinoilla ja asiakaskunnassa parantaakseen kilpailukykyään ja sopeutuakseen muuttuviin tilanteisiin.

Yritykset voivat kehittää moninaisuuttaan esimerkiksi tunnistamalla organisaatiossa piileviä ennakkoluuloja ja asenteita, käymällä aktiivista vuoropuhelua vähemmistöjen edustajien kanssa, ottamalla huomioon saavutettavuuden ja erilaiset ihmisryhmät avoimien työpaikkojen markkinoinnissa tai järjestämällä moninaisuuteen liittyvää koulutusta työntekijöilleen.

Arvoketjun työntekijät

Jos yritys käyttää alihankintaa tai tekee merkittäviä tuoteostoja, tulee sen huolehtia myös arvoketjunsa työntekijöiden oikeuksista ja työoloista. Selvittämättömät ja ulkopuolisten paljastamat hyväksikäyttötapaukset aiheuttavat suuria riskejä niihin osallisille yrityksille esimerkiksi asiakkaiden boikotoinnin, mainehaitan, sakkojen ja rikossyytteiden takia.

Suomen työlainsäädännön ja työehtosopimusten noudattaminen varmistaa, että yritys kunnioittaa omien työntekijöidensä oikeuksia. PK-yrityksen suurin riski sosiaalisen vastuun epäkohtiin liittyykin usein arvoketjun työntekijöihin.

Erityisesti kansainvälisesti ihmisoikeuksien toteutumisen valvonnassa on edelleen paljon parannettavaa. Yritykset voivat kuitenkin vaikuttaa omalla toiminnallaan ihmisoikeuksien toteutumiseen huolehtimalla asianmukaisista suhteistaan toimittajiin, alihankkijoihin ja yhteistyökumppaneihin.

Yritys toimii kestävästi, kun se pitää huolta arvoketjunsa työntekijöiden oikeuksien toteutumisesta seuraavasti:

- Sitoutuu kunnioittamaan ja tukemaan yleismaailmallisia ja työelämään liittyviä ihmisoikeuksia vaikutuspiirissään
- On tunnistanut riskit työperäiseen hyväksikäyttöön arvoketjussaan sekä selvittänyt osallisuutensa niihin
- On varmistanut, että sen sopimuskumppanit hoitavat lakisääteiset velvoitteensa työnantajina

Yritys toimii vaikuttavasti, kun se edellä mainittujen lisäksi edistää parempien työolojen kehittymistä arvoketjussaan.

Sitoudu tukemaan ja kunnioittamaan ihmisoikeuksia vaikutuspiirissäsi

Ihmisoikeuksien perustana toimiva ihmisoikeuksien yleismaailmallinen julistus hyväksyttiin YK:n yleiskokouksessa vuonna 1948. Sen mukaan ihmisoikeudet koskevat kaikkia ihmisiä ja ovat kaikkialla samanlaisia, ja niitä tulee kunnioittaa kaikessa toiminnassa.

YK:n ihmisoikeuksien julistuksen lisäksi työelämään liittyviä ihmisoikeuksia on täydennetty vuonna 1998 Kansainvälisen työjärjestö ILO:n Työelämän perusperiaatteita ja -oikeuksia koskevassa julistuksessa. Näihin periaatteisiin kuuluvat pakkotyön poistaminen, lapsityövoiman käytön poistaminen, syrjinnän poistaminen sekä yhdistymisvapaus ja oikeus neuvotella kollektiivisesti.

Yleismaailmallisten ihmisoikeuksien tuki ja kunnioittaminen edellyttää, että yritys on tutustunut niiden sisältöön, ilmaissut sitoumuksensa sopivaksi katsomallaan tavalla ja viestinyt sen keskeisille sidosryhmilleen. Sitoumuksen tulee olla johdon hyväksymä. Sitoumukseen on hyvä olla viittaukset siihen liittyvissä käytännön toimintaa ohjaavissa materiaaleissa, kuten esimerkiksi työntekijöitä ja sopimuskumppaneita koskevissa toimintaohjeissa (code of conduct) tai politiikoissa, jos yritys on laatinut sellaisia.

Tunnista riskit työperäiseen hyväksikäyttöön arvoketjussa

Työperäinen hyväksikäyttö tarkoittaa taloudellisen hyödyn tavoittelua heikossa asemassa olevan työntekijän kustannuksella. Se ilmenee käytännössä esimerkiksi liian pienenä palkkana tai liian suurina työmäärinä. Vakavimmissa tapauksissa oikeuksien polkemiseen liittyy tahallista harhauttamista, uhkailua tai ihmisarvoa loukkaavia olosuhteita. Hyväksikäytetyt työntekijät ovat usein riippuvaisia työnantajastaan, eivätkä siksi tuo epäkohtia itse esille vaikka olisivatkin niistä tietoisia.

Työperäistä hyväksikäyttöä on havaittu useilla aloilla, tyypillisesti silloin kun alihankintaa tai ulkomaista työvoimaa käytetään paljon. Suomessa näitä ovat rakennus-, palvelu-, ravintola-, marjanpoiminta- ja siivousala. Ulkomailla, erityisesti edullisten työvoimakustannusten maissa riskialoja ovat myös tekstiili-, elintarvike- ja kaivosala sekä elektroniikkateollisuus.

Rikkomuksille alttiiden alojen tunnistamisen lisäksi tulee olla tietoinen sopimussuhteeseen liittyvistä riskitekijöistä. Näitä ovat kouluttamattoman, ulkomaalaisen, tilapäisen tai kausityövoiman käyttö. Hyväksikäytöstä voi olla kyse myös, jos alihankintaan liittyy erityisen matalat sopimushinnat, näkyvyyden puuttuminen työntekijöitä tai työaikaa koskeviin tietoihin tai työsuoritukseen, pitkät samojen tekijöiden työpäivät tai puutteet työturvallisuudessa.

Tunnistettujen riskien pohjalta on hyvä laatia ohjeistus alihankkijoiden käyttöä varten ja varmistaa, että työtä tilaavat ja alihankkijoiden kanssa työskentelevät henkilöt tuntevat keinoja tunnistaa hyväksikäytön riskejä ja tunnusmerkkejä käytännössä.

Varmista, että kumppanisi hoitavat lakisääteiset velvoitteensa työnantajina

Tilaajavastuulaki velvoittaa työn tilaajan selvittämään, että tämän sopimuskumppanit eli alihankkijat täyttävät sopimuspuolina ja työnantajina lakisääteiset velvoitteensa. Lailla pyritään harmaan talouden torjuntaan ja sen tarkoituksena on edistää yritysten välistä tasavertaista kilpailua sekä työehtojen noudattamista. Lakia sovelletaan kaikilla toimialoilla työn tilaajaan, joka käyttää vuokrattuja työntekijöitä tai alihankintasopimukseen perustuvaa työvoimaa.

Tilaajavastuulain mukaan vuokratyöntekijöitä tai toisen yrityksen työntekijöitä asiakastyössä käyttävän yrityksen on huolehdittava näiden velvoitteiden asianmukaisesta hoitamisesta.

Vuokratyöhön sovelletaan työlainsäädäntöä, kuten muihinkin työsuhteisiin. Vuokratyöntekijöitä käyttävän yrityksen keskeinen velvoite on vastata vuokratyöntekijän päivittäisen työskentelyn työturvallisuudesta. Tämän varmistamiseksi käyttäjäyrityksen on ilmoitettava vuokrayritykselle työn edellyttämät ammattitaitovaatimukset ja työn erityispiirteet.

Vaikuta: Edistä parempien työolojen kehittymistä arvoketjussa

Yritys voi toimia vaikuttavasti, jos se aktiivisesti edistää työntekijöiden oikeuksien toteutumista ja työolojen kehittymistä arvoketjussaan. Tämä on erityisen tärkeää toimialoilla, joissa tuotteiden valmistukseen osallistuu lukuisia eri toimijoita ympäri maailmaa. Erityistä huomiota on kiinnitettävä kansainväliseen ETA-alueen ulkopuolelta ostettuun alihankintaan maissa, joissa ihmisoikeuksien valvonta ei ole riittävällä tasolla.

Yritys voi lisätä vaikuttavuuttaan vähentämällä tai estämällä työperäistä hyväksikäyttöä myös oman arvoketjun ulkopuolella tai tarjoamalla mahdollisuuksia ihmisille, joilla on korkea riski joutua ihmisoikeuksien loukkauksen uhriksi.

Arvoketjussa työoloja voidaan parantaa esimerkiksi investoimalla parempiin työolosuhteisiin tuotannossa sekä vaatimalla ja auditoimalla kolmannen osapuolen tarkastusten avulla työntekijöiden oikeuksien toteutumisesta alueilla, jossa työperäinen hyväksikäyttö on yleistä.

Vaikutuspiirin yhteisöt

Jokainen yritys toimii osana yhteiskuntaa sekä lukuisia yhteisöjä, jotka mahdollistavat, kannattelevat ja tukevat sen toimintaa. Yhteisöt voivat luoda yrityksille kestävyyttä yllättävissä tilanteissa, vauhdittaa menestystä ja tukea vaikeina aikoina. Vastuullinen yritys ottaa huomioon yhteisöjen merkityksen, pitää huolta ettei aiheuta niille haittaa ja huolehtii niiden hyvinvoinnista.

Yrityksen vaikutuspiiriin voi kuulua yhteisöjä, joiden elämään ja elinoloihin yrityksen toiminta vaikuttaa merkittävästi. Tällaisia voivat olla esimerkiksi toiminta-alueen asukkaat, alkuperäiskansat, rakennus- ja suurhankkeiden vaikutusalueen asukkaat, tai yrityksen palveluista riippuvaiset yhteisöt.

Yritys toimii kestävästi, kun se huomioi vaikutuspiirinsä yhteisöt toiminnassaan, eli

- On tunnistanut vaikutuspiiriinsä kuuluvat yhteisöt
- On huolehtinut, että ei aiheuta haittaa vaikutuspiiriinsä kuuluville yhteisöille
- Käy vuoropuhelua vaikutuspiirimme yhteisöjen edustajien kanssa

Yritys toimii vaikuttavasti, kun se edellä mainittujen lisäksi tukee vaikutuspiiriinsä kuuluvia yhteisöjä.

Tunnista vaikutuspiiriin kuuluvat yhteisöt

Lähtökohta yhteisöjen huomioimiselle on niiden tunnistaminen – yrityksen on ensin ymmärrettävä, keihin sen toiminta voi suoraan tai välillisesti vaikuttaa. Vaikutuspiiriin kuuluvat yhteisöt voivat sijaita lähellä yrityksen toimintapaikkaa tai olla maantieteellisesti kauempana, esimerkiksi tuotantoketjun eri osissa. Olennaista ovat vaikutukset yhteisön elinoloihin, hyvinvointiin tai oikeuksiin.

Yrityksen vaikutuspiiriin kuuluvia yhteisöjä voivat olla esimerkiksi:

- Paikallisyhteisöt, kuten ihmiset, jotka asuvat tai työskentelevät alueella, jolla yritys toimii tai jonka ympäristöön sen vaikutukset voivat ulottua
- Alkuperäiskansat, joiden maankäyttö, kulttuuri tai elinkeino voi altistua toiminnan vaikutuksille
- Oppilaitokset ja tutkimuslaitokset, joiden kanssa yritys tekee yhteistyötä tai joiden resursseja se hyödyntää
- Sidosryhmäjärjestöt, kuten ympäristö-, ihmisoikeus- tai työelämäjärjestöt, jotka edustavat yhteisöjen etuja
- Vapaaehtoisjärjestöt ja kansalaistoimijat, jotka toimivat yrityksen toimintaympäristössä tai vaikutusalueella
- Asiakasyhteisöt, joiden tarpeisiin tuotteet tai palvelut vastaavat ja joihin toiminta vaikuttaa
- Työntekijöiden perheet ja lähipiiri, joiden hyvinvointiin vaikuttaa työelämän laatu, työolot ja henkilöstöpolitiikka

Vaikutuspiiriin kuuluvien yhteisöjen tunnistaminen edellyttää jatkuvaa sidosryhmäkartoitusta, avointa vuorovaikutusta ja herkkyyttä ymmärtää eri yhteisöjen erityispiirteitä. Se on vastuullisen päätöksenteon perusta ja tärkeä askel kohti kestävämpää liiketoimintaa.

Huolehdi, että et aiheuta haittaa vaikutuspiiriimme kuuluville yhteisöille

Vaikutuspiiriin kuuluvien yhteisöjen lisäksi on tärkeää tunnistaa oman toiminnan riskit, jotka voivat aiheuttaa yhteisöille haittaa tai heikentää niiden hyvinvointia sekä minimoida näiden riskien toteutuminen.

Riskit voivat liittyä esimerkiksi haitan aiheuttamiseen yhteisön ympäristölle, elinolosuhteille, turvallisuudelle, fyysiselle ja psyykkiselle terveydelle sekä elinkeinon tai oikeuksien rajoittamiseen.

Riskejä tunnistaessa tulisi tunnistaa seuraavat vaikutukset yhteisöjen oikeuksiin, elämään, elinkeinoon ja mahdollisuuksiin:

- Yhteisöjen taloudelliset, sosiaaliset ja kulttuuriset oikeudet, mukaan lukien riittävä asuminen ja ravinto, vesi ja puhtaanapito, sekä maankäyttöön ja turvallisuuteen liittyvät vaikutukset
- Yhteisöjen kansalaisoikeudet ja poliittiset oikeudet, kuten sananvapaus, kokoontumisvapaus ja vaikutukset ihmisoikeuksien puolustajiin
- Alkuperäiskansojen oikeudet, mukaan lukien vapaa ja tietoon perustuva ennakkosuostumus, itsemääräämisoikeus ja kulttuuriset oikeudet

Käy vuoropuhelua yhteisöjen kanssa

Paras tapa tunnistaa mahdollisia riskejä ja minimoida niitä on käydä avointa, jatkuvaa vuoropuhelua niiden yhteisöjen kanssa, joihin yrityksen toiminta vaikuttaa. Tällainen vuorovaikutus ei ole vain riskienhallintakeino, vaan olennainen osa vastuullista ja kestävää yritystoimintaa.

Yrityksen on tärkeää olla aktiivisessa vuorovaikutuksessa yhteisöjen edustajien kanssa, olipa kyse sitten paikallisista asukkaista, alkuperäiskansoista, järjestöistä tai muista yhteisötoimijoista.

Keskustelua voidaan käydä useilla tavoilla: järjestämällä kuulemistilaisuuksia, työpajoja tai kyselyitä, tarjoamalla digitaalisia palautekanavia tai luomalla yhteyshenkilöverkostoja yhteisön ja yrityksen välille.

Vuoropuhelu ei tarkoita pelkästään tiedottamista, vaan myös aktiivista kuuntelua ja aitoa halua ymmärtää yhteisön näkökulmia. Yrityksen kannattaa jakaa oma-aloitteisesti tietoa toiminnastaan, suunnitelmistaan ja mahdollisista muutoksista, ja toisaalta ottaa vastaan palautetta, huolia ja kehitysehdotuksia ennen päätösten tekemistä.

Erityisen tärkeää on osallistaa yhteisöjä tilanteissa, joissa päätökset koskettavat heidän elinolojaan, elinkeinojaan, ympäristöään, turvallisuuttaan, oikeuksiaan tai kulttuuriperintöään. Tällöin kuulemisen tulisi olla ajoissa aloitettua, vaikuttavaa ja dokumentoitua, ei vain muodollinen askel prosessin loppuvaiheessa.

Vaikuta: Tue vaikutuspiirin yhteisöjä

Yritys voi edistää toimintaympäristönsä yhteisöjen toimintaa ja hyvinvointia käymällä jatkuvaa ja rakentavaa vuoropuhelua eri yhteisöjen kanssa sekä tukemalla konkreettisesti niiden toimintaa.

Tällainen vuorovaikutus voi tarkoittaa esimerkiksi yhteistyöhankkeita tai yhteisöjen tarpeiden huomioimista liiketoiminnan suunnittelussa ja päätöksenteossa.

Hyvinvointia voidaan tukea monin tavoin. Yritys voi lahjoittaa rahaa tai ohjata työaikaa yhteisöjen hyväksi tehtävään vapaaehtoistyöhön. Myös lasten ja nuorten harrastustoiminnan tukeminen, kulttuurihankkeiden edistäminen tai esimerkiksi ympäristön parantamiseen tähtäävät yhteistyöprojektit ovat hyviä esimerkkejä yhteisöjä hyödyttävistä teoista.

Lisäksi yhteisöjä voidaan osallistaa aktiivisesti heitä koskevaan päätöksentekoon esimerkiksi järjestämällä kuulemistilaisuuksia tai osallistavia työpajoja. On tärkeää, että näiden toimenpiteiden vaikutukset ovat mitattavissa ja että ne aidosti tukevat yhteisöjen hyvinvointia ja osallisuutta.

Yrityksen tulee kuitenkin olla tietoinen siitä, että pelkkä taloudellinen tuki ei voi oikeuttaa sellaisia liiketoiminnan toimia, jotka rajoittavat yhteisöjen oikeuksia, hyvinvointia tai mahdollisuuksia. Aito vaikuttavuus tarkoittaa sekä oma-aloitteista tukea että vahinkojen tai haittojen välttämistä.

Kuluttajat ja loppukäyttäjät

Mikäli yrityksen asiakkaat tai loppukäyttäjät ovat yksityishenkilöitä, on syytä kiinnittää erityistä huomiota heille myytävien tuotteiden ja palveluiden turvallisuuteen sekä niiden markkinointiin.

Yrityksen tulee tunnistaa tuotteen tai palvelun riskit aiheuttaa vaaraa ihmisten terveydelle, turvallisuudelle tai hyvinvoinnille. Sen tulee lisäksi varmistaa, että tuotteen käyttö ei vaaranna sen käyttäjien tai muiden tuotteen tai palvelun vaikutuspiirissä olevien ihmisten terveyttä, turvallisuutta tai hyvinvointia.

Yksityishenkilöt ovat monesti heikommassa asemassa yrityksiin nähden, minkä vuoksi kuluttajille markkinointia säädellään ja valvotaan tehokkaasti. Vastuullinen yritys ei pyri hyötymään valta-asemastaan vaan korostaa kuluttajan oikeutta ja mahdollisuutta tehdä valistuneita ostopäätöksiä – ja halutessaan muuttaa mieltään.

Yritys toimii kestävästi, kun se kohtelee kuluttaja-asiakkaitaan reilusti, eli

- Ei vaaranna ihmisten terveyttä, turvallisuutta tai hyvinvointia
- Markkinoi kuluttajille kuluttajansuojalain ja hyvän tavan mukaisesti
- Asiakaspalvelu on helposti saavutettavissa

Yritys toimii vaikuttavasti, kun se edellä mainittujen lisäksi edistää kuluttajan tietoista ostopäätöstä.

Varmista turvallinen käyttö

Kuluttajakäytössä olevien tuotteiden ja palveluiden tulee täyttää kaikki niihin sovellettavat turvallisuusvaatimukset ja -standardit. Niiden suunnittelussa, valmistuksessa ja jakelussa on myös otettava huomioon mahdolliset riskit eri käyttötilanteissa.

Yrityksen velvollisuus on tunnistaa ja arvioida kaikki olennaiset riskit, joita tuote tai palvelu saattaa aiheuttaa ihmisten terveydelle, turvallisuudelle tai hyvinvoinnille. Tämä ei koske ainoastaan normaalikäyttöä, vaan myös silloin, jos tuotetta käytetään vahingossa väärin tai epätarkoituksenmukaisella tavalla. Riskien hallinta on osa vastuullista tuotekehitystä ja asiakasturvallisuutta.

Yrityksen on myös huolehdittava siitä, että tuotteiden tai palveluiden käyttö ei vaaranna käyttäjien tai muiden ihmisten, esimerkiksi käyttäjän läheisten, sivullisten tai muiden vaikutuspiirissä olevien, terveyttä tai turvallisuutta. Tämä edellyttää paitsi teknistä turvallisuutta myös selkeitä, ymmärrettäviä ja helposti saatavilla olevia käyttöohjeita. Asiakkaalle on tarjottava kattavat ohjeet turvalliseen käyttöön sekä tarvittaessa tietoa tuotteen huollosta, säilytyksestä ja kierrätyksestä.

Turvallisuuden varmistaminen ei pääty tuotteen lanseeraukseen. Yrityksen on myös seurattava tuotteidensa käyttöä, kerättävä palautetta ja ryhdyttävä nopeasti toimiin, jos tuoteturvallisuuteen liittyviä huolia ilmenee.

Markkinoi kuluttajansuojalain ja hyvän tavan mukaisesti

Kuluttajille suunnattua markkinointia sääntelee kuluttajansuojalaki. Lailla pyritään ehkäisemään kuluttajiin kohdistuvaa epäasiallista markkinointia.

Kuluttajansuojalain mukaan markkinointia pidetään hyvän tavan vastaisena, jos se on selvästi ristiriidassa yleisesti hyväksyttyjen yhteiskunnallisten arvojen kanssa. Markkinointia saa kohdistaa ainoastaan kohderyhmille, jotka kykenevät tekemään itsenäisiä ostopäätöksiä. Kuluttajille ei saa antaa tuotteidemme hyödyistä väärää tai harhaanjohtavaa tietoa, eikä ostopäätökselle oleellisia tietoja saa antaa jättämättä.

Kuluttajille suunnatussa markkinoinnissa on hyvä kertoa avoimesti tuotteiden alkuperästä, kestävyydestä ja negatiivisista vaikutuksista. Vastuullisuusväittämien osalta tulee kuitenkin huolehtia että annetut tiedot ovat todennettavissa ja että ne koskevat tuotteen olennaisimpia vaikutuksia.

Kuluttaja voi tehdä ilmoituksen sopimattomasta markkinoinnista kuluttaja-asiamiehelle, joka valvoo kuluttajansuojan toteutumista ja markkinoijien toimintaa. Yksittäiset riita-asiat voi selvittää kuluttajariitalautakunta, Euroopan kuluttajakeskus tai kuluttajaneuvonta.

Panosta hyvään asiakaspalveluun

Velvollisuudet asiakasta kohtaan eivät pääty ostopäätökseen. Asiakkaalla on yleensä palautusoikeus, tuotteella on takuuaika, ja tuotteen myyjä vastaa sen virheistä myös takuuajan päättymisen jälkeen. Tämän lisäksi asiakkaalle on annettava selkeät ja ymmärrettävät ohjeet tuotteen käyttöön, huoltoon ja mahdolliseen kierrätykseen. Asiakkaalle saattaa tulla kaikista näistä kysymyksiä.

Siksi on tärkeää, että yrityksen yhteystiedot ovat helposti löydettävissä ja asiakkaille tarjotaan mutkaton, selkeä ja saavutettava tapa ottaa yhteyttä. Asiakkaiden on voitava saada apua, vastauksia kysymyksiin ja tehdä mahdollisia reklamaatioita ilman turhaa vaivannäköä tai odottelua. Tuki voi tarkoittaa esimerkiksi puhelinpalvelua, sähköpostia, verkkosivujen chat-ikkunaa tai selkeitä kysymyksiä ja vastauksia -palstoja.

Meillä kaikilla on varmasti kokemuksia asiakaspalvelusta, joka on avoinna vain pari tuntia joka toinen keskiviikko tai jossa puhelinpalvelun jonotusaika venyy kohtuuttoman pitkäksi. Tällaiset tilanteet turhauttavat ja heikentävät luottamusta yritystä kohtaan erityisesti silloin, kun asiakkaalla on akuutti ongelma tai tarve saada selvyys johonkin.

Hyvä asiakaspalvelu puolestaan tarkoittaa asiakkaan huomioimista, kuuntelemista ja aitoa halua ratkaista tämän ongelma. Asiakkaan kohtaaminen henkilökohtaisesti ja kunnioittavasti vahvistaa positiivista mielikuvaa yrityksestä ja lisää asiakasuskollisuutta.

Investointi asiakaspalveluun ei siis ole pelkkä kulu. Se on pitkän aikavälin sijoitus asiakassuhteisiin, yrityksen maineeseen ja kestävän liiketoiminnan rakentamiseen.

Vaikuta: Edistä kuluttajan tietoista ostopäästöstä läpinäkyvästi

Yritys voi omalla toiminnallaan edistää kuluttajan valistunutta ja vastuullista ostopäätöstä monin eri keinoin. Keskeistä on tarjota kuluttajalle selkeää, rehellistä ja helposti ymmärrettävää lisätietoa tuotteesta tai palvelusta. Tällaisia ovat tiedot sen alkuperästä, valmistusolosuhteista, vastuullisuudesta sekä mahdollisista ympäristö- ja terveysvaikutuksista. Tällainen avoimuus rakentaa luottamusta ja antaa kuluttajalle mahdollisuuden punnita vaihtoehtoja omien arvojensa ja tarpeidensa pohjalta.

Tiedottamista voi rikastaa esittämällä todennettujen asiakkaiden arvioita ja käyttökokemuksia sekä tarjoamalla selkeitä ohjeita tuotteen käyttöön, huoltoon ja kierrätykseen. Myös joustavat vaihto- ja palautusehdot sekä asiakastuki ennen ja jälkeen oston tukevat asiakasta ostoprosessin eri vaiheissa ja vähentävät epävarmuutta valinnan tekemisessä.

Erilaiset tuotevertailut ja linkitykset riippumattomiin arvosteluihin tai testituloksiin auttavat kuluttajaa ymmärtämään eroja tuotteiden välillä. Tällöin on tärkeää, että vertailut ovat reiluja, totuudenmukaisia ja helposti ymmärrettävissä. Markkinoinnissa tulisi tuoda esiin myös tuotteen mahdolliset heikkoudet tai käyttörajoitukset rakentavalla ja rehellisellä tavalla. Pelkkien vahvuuksien korostaminen voi johtaa epärealistisiin odotuksiin.

Monet yritykset ovat jo mahdollistaneet asiakkaiden arvostelujen ja palautteiden esittämisen verkkosivuillaan. Tämä lisää luottamusta, etenkin silloin kun palautteet julkaistaan sensuroimatta. Myös kriittiset tai negatiiviset kommentit voivat auttaa asiakasta hahmottamaan tuotteen soveltuvuutta omaan käyttöönsä. Samalla yritys osoittaa valmiutta kuunnella asiakkaita ja kehittää toimintaansa palautteen perusteella.

YMPÄRISTÖ-
VASTUU

Ympäristövastuu

Yrityksen toiminta vaikuttaa ympäristöön ja on siitä riippuvaista monella tapaa. Luonnonvarat, puhdas toimintaympäristö ja ennakoitavat olosuhteet mahdollistavat liiketoimintaa myös sellaisilla aloilla, jotka eivät hyödynnä niitä suoraan.

Ympäristövastuusta koskevassa keskustelussa yrityksen hiilijalanjälki on korostunut voimakkaasti viime vuosina. Keskittyminen vain yhteen aiheeseen kuitenkin sivuuttaa ympäristövaikutusten monimutkaisuuden ja yhteydet toisiinsa. Yhtälailla huomiota vaativat liiketoiminnan vaikutukset luonnon monimuotoisuuteen sekä perinteisemmät ympäristöstä huolehtimisen teemat kuten kiertotalous ja pilaantumisen ehkäisy.

Kiihtyvän ilmastonmuutoksen ja luontokadon aikana ei ympäristöongelmia ole aikaa ratkaista yksi kerrallaan. Onneksi myös moni yrityksen käytettävissä olevista keinoista auttaa useampaan kuin yhteen vaivaan. Resurssiviisas ja huolellinen liiketoiminta kuormittaa ympäristöä niin vähän kuin mahdollista samalla, kun se minimoi omat luontoriskinsä ja varmistaa toiminnan edellytykset pitkälle tulevaisuuteen. Kilpailuetua yritys voi saavuttaa erottautumalla uskottavilla, systemaattisilla ja toimialaa kirittävillä ympäristötoimilla.

PK-yritysten ympäristövastuuta tarkastellaan kirjassa viidestä näkökulmasta.

Ilmastonmuutoksen hillintä kuvaa yrityksen toimia kasvihuonekaasupäästöjen vähentämiseksi. Ihmisen aiheuttamaa luonnollisen kasvihuoneilmiön voimistumista täytyy hillitä, jotta elämä voi jatkua maapallolla nykyisen kaltaisena. Päästönsä tunteva yritys osaa tehdä perusteltuja vähennystoimia, parantaa tehokkuuttaan sekä ennakoida tulevia investointeja vähähiilisyyteen.

Kiertotalous tarkastelee yrityksen materiaali- ja raaka-ainevirtojen kestävyyttä. Se tarkoittaa luonnonvarojen käytön palauttamista maapallon kantokyvyn mukaiselle tasolle, jossa tuotteiden ja materiaalien arvoa hyödynnetään mahdollisimman pitkään ja kulutuksen painopistettä siirretään omistamisesta palveluiden käyttämiseen. Kestävät hankinnan, tuotannon ja jätehuollon käytännöt säästävät luonnonvaroja ja energiaa sekä tuovat säästöjä.

Veden kestävän käytön tarkoituksena on kiinnittää huomio yrityksen toiminnan vaikutuksiin veden määrään ja laatuun. Suomessa vähemmän huomiota saanut aihe nousee yhä ajankohtaisemmaksi ilmastonmuutoksen vaikuttaessa sateisiin ja pohjavesiin. Huolellisesti toimimalla yritys varmistaa ettei sen toimintaan liity vesiriskejä kotimaassa tai kauempana.

Luonnon monimuotoisuus auttaa ymmärtämään liiketoiminnan yhteyksiä käynnissä olevaan kuudenteen sukupuuttoaaltoon. Ylikulutus on johtanut luonnon monimuotoisuuden köyhtymiseen eli luontokatoon, jota ilmastonmuutos kiihdyttää. Tunnistamalla maankäytön vaikutuksensa ja mahdollisuutensa pienikin yritys voi toimia lajien ja elinympäristöjen säilymisen puolesta.

Pilaantumisen ehkäisy koskee paitsi lakisääteistä haitallisten aineiden käsittelyä, myös huolellista suhtautumista kaikkiin toiminnasta aiheutuviin päästöihin ja päästöriskeihin. Puhdas maaperä, vesi ja ilma auttavat ympäristöä selviämään muusta ihmistoiminnan aiheuttamasta kuormituksesta.

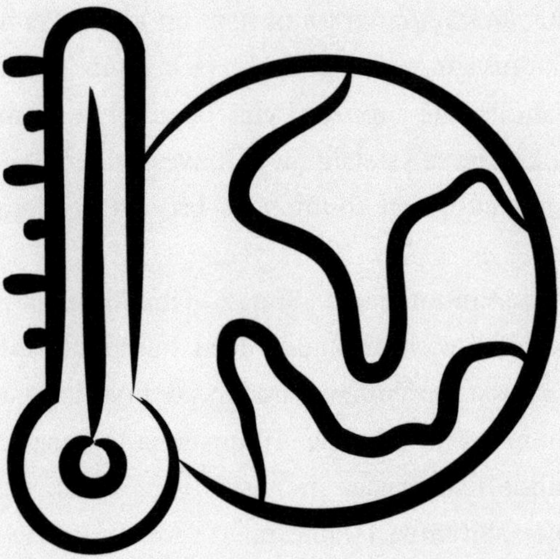

Ilmastonmuutoksen hillintä

Ilmasto on aina muuttunut, muttei koskaan niin nopeasti kuin nyt. Kiihtyvä muutos on seurausta kasvihuoneilmiön voimistumisesta, jossa ilmakehässä olevien kasvihuonekaasujen määrä kasvaa nopeasti ihmistoiminnan seurauksena.

Ennennäkemättömän nopea muutos on valtava uhka paitsi luonnolle myös ihmisen toiminnalle. Se aiheuttaa hallitsemattomia muutoksia nykyisenkaltaista elämäämme ylläpitäviin ilmiöihin, kuten lämpötilaan, merenpintaan ja veden kiertoon. Vaikutukset elinympäristöihimme ja -olosuhteisiin ovat väistämättömiä. Täsmällisiä seurauksia on vaikea ennakoida, mutta tiedämme jo odottaa ainakin sään ääri-ilmiöitä, tautien uudenlaista leviämistä, työpaikkojen muutosta ja ympäristöpakolaisuutta.

Vaikka toimeen tarttuminen kehityksen pysäyttämiseksi on kestänyt liian kauan, on ilmastonmuutoksen hillintä yleisesti hyväksytty maailmanlaajuinen tavoite. Lähes kaikki maailman maat ovat sitoutuneet Pariisin sopimukseen, jonka tavoitteena on lämpötilan nousun rajoittaminen 1,5 asteeseen. Tavoitteet koskevat myös PK-yrityksiä, jotka OECD:n mukaan aiheuttavat yli 60 % teollisista päästöistä. Jokainen päästöjen aiheuttaja on osaltaan mukana joko vauhdittamassa tai hidastamassa muutosta.

PK-yritys osallistuu ilmastonmuutoksen hillintään selvittämällä toimintansa kasvihuonekaasupäästöt, minimoimalla ne sekä sitoutumalla nettonollatavoitteeseen. Alkuun pääsee ilman päästölaskentaakin kaikkein selkeimpiin päästövähennystoimiin tarttumalla. Arviot ja laskelmat auttavat kuitenkin arvioimaan toimenpiteiden hyöty-panossuhdetta etenkin ilmeisten ensiaskelten jälkeen.

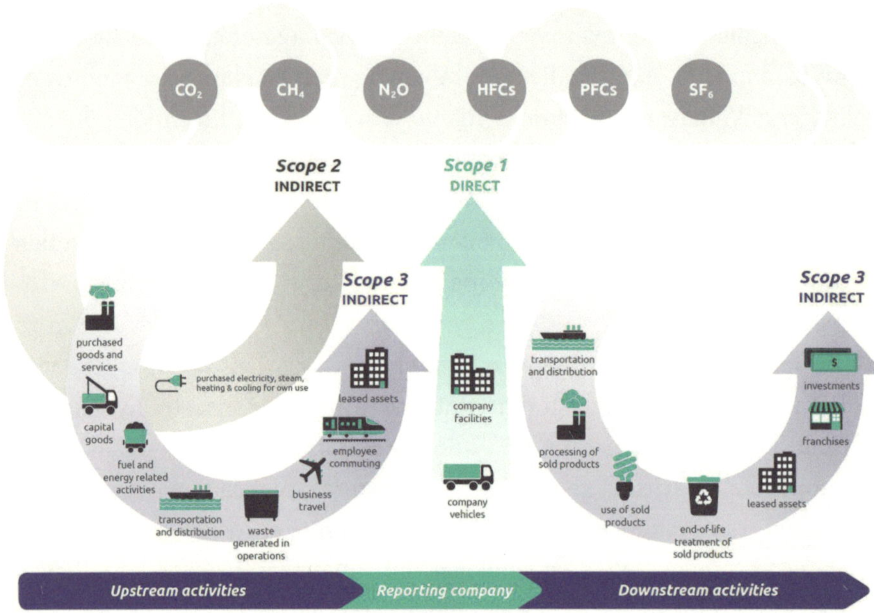

Kuva: GHG Protocol, Corporate Value Chain (Scope 3)
Accounting and Reporting Standard

Tunnetko kasvihuonekaasupäästösi?

Kasvihuonekaasut ovat ilmakehässä luonnostaan esiintyviä kaasuja. Haitallisia niistä tekee kaasujen määrän kiihtynyt kasvu ihmistoiminnan seurauksena. Kaasuista tärkeimmät ovat vesihöyry, hiilidioksidi, metaani, dityppioksidi ja otsoni. Jokainen yritys aiheuttaa päästöjä joko suoraan tai epäsuorasti ostojensa ja myyntiensä kautta.

Kasvihuonekaasupäästöjen laskentaa ohjaavan Greenhouse Gas Protocolin (GHG-protokolla) mukaan yrityksen päästölähteet voidaan jakaa kolmeen ryhmään:

1. itse aiheutettuihin
2. ostetun energian tuotannosta aiheutuviin sekä
3. muihin epäsuoriin päästöihin arvoketjussa.

Oman toiminnan merkittävien päästölähteiden tunteminen ei aina edellytä päästölaskennan tekemistä. Voit käyttää ensimmäisenä askeleena päästölähteiden arvioimiseksi seuraavissa kappaleissa kuvattuja ohjeita. Lisäksi arvioinnissa kannattaa pohtia, onko päästölähde kiinnostava tärkeille sidosryhmillesi eli kysyvätkö asiakkaat, työntekijät, tärkeät kumppanit tai rahoittajat siitä. Voit myös tarkkailla, tekevätkö kilpailijat merkittäviä vähennystoimia.

Itse aiheutetut yrityksen suorat päästöt (Scope 1) aiheutuvat kiinteistöistä tai ajoneuvoista, jotka yritys omistaa tai joiden energiantuotannosta se voi päättää. Niihin lasketaan energiantuotanto kiinteistöissä (esim. öljylämmitys, lämminvesivaraaja), fossiilisia polttoaineita käyttävien ajoneuvojen ja koneiden käyttö tai vuodot, joita synnyttävät esimerkiksi kylmä- ja ilmanvaihtolaitteet sekä kemialliset prosessit. Jos yrityksesi ei omista tai hallinnoi kiinteistöjä tai ajoneuvoja, Scope 1 -päästöt eivät ole sille merkittäviä.

Ostetun energian (Scope 2) tuotantoon liittyvät päästöt syntyvät polttoaineiden käytöstä energiantuotantolaitoksissa. Tähän luokkaan lasketaan mukaan esimerkiksi sähkönkulutus sekä kaukolämpö ja -kylmä. Energiankulutus selviää esimerkiksi tilojen sähkö- ja lämmityslaskulta tai energiayhtiön verkkopalvelusta. Energiankäytön päästöt ovat useimmilla yrityksillä merkittäviä.

Muihin epäsuoriin päästöihin (Scope 3) lukeutuvat kaikki hyvin moninaiset muut arvoketjun päästöt, joita yrityksen tuotteiden tai palveluiden tuotanto aiheuttaa. Niiden merkittävyys riippuu toimialasta. Tunnistamisessa auttavat oheisen kuvan listaamat kategoriat. Voit arvioida niiden merkittävyyttä omalle liiketoiminnalle niihin liittyvien kustannusten ja niiden avulla luotavan arvon avulla. Esimerkiksi palveluliiketoiminnassa merkittävimmiksi tyypillisesti nousevat ostetut tuotteet ja palvelut (mm. ICT-laitteet, palvelintila), liikematkustus erityisesti lentämällä sekä työntekjiöiden matkat kodin ja työpaikan välillä. Valmistavassa teollisuudessa päästöt taas voivat painottua ostettuihin raaka-aineisiin sekä kuljetuksiin.

Arvoketjun päästötiedot saattavat olla PK-yritykselle hankalia selvittää. Yritykset laskevat ja julkaisevat kuitenkin kasvavassa määrin toimintansa päästövaikutuksia. Erityisesti yrityksen paljon käyttämien ostopalveluiden ja tuotteiden osalta kannattaa tarkastaa, löytyykö päästötietoa valmistajan sivuilta tai vastuullisuusraportista.

Kuluta vähemmän ja parempaa energiaa

Päästövähennystoimet kannattaa kohdistaa ensisijaisesti sinne, missä niiden hyöty on suurin. PK-yritykselle tavallisimmat ensiaskeleet ovat sähkösopimuksen vaihtaminen fossiilittomaan, energiankulutuksen vähentäminen sekä lentäen tehdyn matkustamisen vähentäminen. Huomaa, että toimenpiteiden tulee vähentää kasvihuonekaasupäästöjä suhteessa tuotannon/toiminnan laajuuteen: liiketoiminnan pienenemisestä seuranneet päästövähennykset eivät käy kestävyysteoksi.

Kiinnitä sähkö- ja lämmityssopimusten energianlähteiden lisäksi huomiota energian käytön tehokkuuteen. Eniten sähkö- ja lämpöenergiaa kuluttavat tyypillisesti lämmitysjärjestelmät, ilmanvaihtokoneet, jäähdytyslaitteistot sekä paineilma- ja sähkökeskukset. Mitä suurempia määriä kulutat, sitä hyödyllisempää on tuntea kulutus laite- ja tilakohtaisesti, jotta paikannat tehokkaimmat säästömahdollisuudet.

Harkitse myös tekisitkö Työ- ja elinkeinoministeriön tukeman energiakatselmuksen, jossa yrityksen energiankäyttöä ja säästömahdollisuuksia tutkitaan. Keskimääräinen katselmuksen luoma kustannussäästö on ollut noin 17 % energiakustannuksista, PK-teollisuudessa jopa 27 %. Usein säästötoimenpiteitä pystytään toteuttamaan jopa ilman investointeja.

Kasvihuonekaasupäästöjen vähentämisellä on myös muita kuin suoria ympäristövaikutuksia. Energia- ja materiaalisäästöt parantavat suoraan liiketoiminnan tulosta, kiertotalousratkaisut taas auttavat poistamaan arvoketjuissa esiintyviä tehottomuuksia ja hukkaa. Kestävämpien ratkaisujen kehittäminen voi olla kilpailuetu ja mainehyöty.

Sitoudu nettonollatavoitteeseen

Kun nopeat ja ilmeiset päästövähennystoimet on tehty, on viimeistään aika suunnitella miten poistat päästöjesi ilmastovaikutusten kokonaan. Tavoitteeseen sitoutuminen on välttämättöntä, jotta yrityksesi aidosti osallistuu 1,5 asteen ilmastotavoitteen saavuttamiseen.

Tavoitteiden ymmärtämiseksi on tärkeää erottaa hiilineutraaliuden ja nettonollan käsitteet toisistaan:

Hiilineutraalius voidaan saavuttaa pelkillä hiilidioksidipäästöjen kompensaatiolla ilman merkittäviä vähennystoimia.

Nettonolla sen sijaan edellyttää toiminnasta aiheutuvien kasvihuonekaasupäästöjen järjestelmällistä vähentämistä minimitasolle, josta niiden vähentäminen ei käytännössä onnistu aiheutamatta selkeää haittaa liiketoiminnan muulle kestävyydelle. Jäljelle jäävät päästöt tulee lisäksi kompensoida uskottavilla ja riittävän pysyvillä menetelmillä.

Nettonollatavoite on tiiviisti yhteydessä yrityksen strategiaan ja liiketoiminta- ja taloussuunnitteluun. Käytännössä vaatimus sitoutumisesta on kaksiosainen:

1. Aseta pitkän aikavälin päästövähennystavoite. Lähtökohtaisesti hyvänä tavoitetasona pidetään 90 % vähennystä suhteessa vuoden 2020 päästöihin vuoteen 2050 mennessä.
2. Sitoudu uskottavaan päästövähennyssuunnitelmaan, joka sisältää ainakin mitattavat lyhyen aikavälin tavoitteet, keinot päästövähennyksiin sekä säännöllisen arvioinnin ja päivityksen.

Pitkän aikavälin ilmastotavoitteisiin liittyy luonnollisesti paljon epävarmuuksia. Seuraavat periaatteet auttavat varmistamaan että tavoite ja suunnitelma ovat riittävällä tasolla:

- Huomioi kaikki kasvihuonekaasupäästöt, ei pelkkiä hiilidioksidipäästöjä.
- Huomioi suurin osan yrityksen arvoketjun päästöistä. Kattavuuden ei tarvitse olla täydellinen, mutta kaikki merkittävimmät ja arvioitavissa olevat scope 3 -päästöt on sisällytettävä tavoitteeseen.
- Käytä kompensaatiota vasta toissijaisena keinona.
- Varmista, että kompensaatio tehdään laadukkaasti tukemalla hilltä ilmakehästä poistavia keinoja ja hankkeita.

PK-yrityksen tie nettonollaan alkaa usein johdon sitoutumuksesta ja selkeistä oikeaan suuntaan vievistä toimista, kuten esimerkiksi kompensoimalla valtaosa sellaisista toiminnan päästöistä, joita ei lyhyellä aikavälillä saada vähennettyä. Tärkeintä on, että lähtötilanteesta edetään kohti nettonollatavoitetta aktiivisesti ja suunnitelmaa tarkennetaan lisääntyvän tiedon perusteella säännöllisesti.

Kiertotalous

Maailmantalouden kasvu on johtanut maapallon kantokyvyn ylittämiseen: luonnonvarojen käytön arvioidaan aiheuttaneen noin puolet kasvihuonekaasupäästöistä ja 90 % luontokadosta ja vesiniukkuudesta.

Uusiutumattomien raaka-aineiden, kuten fossiilisten luonnonvarojen, metallien ja mineraalien louhinnassa tarvittavan energian, veden ja kemikaalien käytöllä on vaikutuksia ilmastoon, vesistöihin ja luonnon monimuotoisuuteen. Haitat kasvavat, kun esiintymien huvetessa joudutaan siirtymään vaikeampiin kohteisiin ja köyhempiin esiintymiin. Uusiutuvien raaka-aineiden, kuten viljelykasvien, puun ja keräilytuotteiden kulutus taas on suurelta osin luonnollista uusiutumista nopeampaa sekä maailmanlaajuisesti että Suomessa. Ylikulutuksen ohella muita haittoja ovat mm. hiilinielujen pieneneminen ja luonnon monimuotoisuuden köyhtyminen.

Resurssien käytön palauttaminen kestävälle tasolle edellyttää kiertotaloutta. Siinä jo käytössä olevien tuotteiden ja materiaalien arvoa hyödynnetään mahdollisimman pitkään, luonnonvarojen ja energian käyttöä vähennetään sekä kulutuksen painopistettä siirretään omistamisesta palveluiden käyttämiseen.

PK-yritys voi vaikuttaa luonnonvarojen kestävään käyttöön ja kiertotalouteen monella tapaa. Tutuin esimerkki on jätteiden huolellinen hallinta ja kierrätys. Lisäksi yritys voi hyödyntää kierrätettyjä tai muuten kestäviä materiaaleja ja raaka-aineita, tehostaa niiden käyttöä sekä esimerkiksi päivittää suunnitteluaan tukemaan kiertotalouden toteutumista.

Hanki kestävää ja vain tarpeeseen

Kaikki yritykset tarvitsevat materiaaleja tai tarvikkeita toimintaansa. Näihin kuuluvat tyypillisesti tietokoneet, puhelimet ja muut laitteet, toimistokalusteet ja -tarvikkeet, elintarvikkeet, kemikaalit sekä työvaatteet ja -asusteet.

Vastuullisen hankinnan ensimmäinen askel on hankkia vähemmän eli tehdä ostoja vain todelliseen tarpeeseen. Voit arvioida kriittisesti esimerkiksi laitteiden ja kalusteiden uusimissyklejä sekä luoda kannustimia näiden pidentämiseen.

Tarpeellisten hankintojen tekemistä on hyvä ohjata kestävyyttä edistävillä hankintaperiaatteilla ja -käytännöillä, joiden tulee olla kaikkien yrityksen ostoja tekevien henkilöiden tiedossa. Voit esimerkiksi asettaa kiertotalouteen liittyviä vähimmäisvaatimuksia kaikille toimittajille tai tuotteille. Ohjeista poikkeamiselle kannattaa myös olla selvät perusteet ja seurantakäytännöt.

Suosimalla systemaattisesti ympäristövastuullisempia tuotteita ja palveluita pienennät toimintasi haittoja ja kysyntää vahvistamalla vaikutat myös kestävämpiä tuotteiden ja palvelujen yleistymiseen. Ympäristövastuullisemmat vaihtoehdot ovat usein markkinassaan uusia ratkaisuja, joiden taustalla on uutta teknologiaa ja tuotekehitystä. Siksi on tärkeää, että hankintoja tehdessä harkitaan myös itselle uusia tuotteita sekä arvioidaan niitä muillakin kuin pelkkään hintaan perustuvilla kriteereillä.

Jo tehdyissä sopimussuhteissa vaikutat kiertotalouteen parhaiten ottamalla sen aktiivisesti puheeksi sopimuskumppaneiden kanssa ja lisäämällä painetta näiden toiminnan kestävyyteen ja läpinäkyvyyteen. Vaikka PK-yritys harvoin pystyy sanelemaan omia ehtoja arvoketjulleen, on jokainen tietopyyntö ja keskustelunavaus signaali toimittajille kestävyysvaatimusten yleistymisestä.

Valmista tuotteesi kestämään

Valmistavassa tuotannossa toiminnan ympäristövaikutuksia ohjataan toiminnan, tuotteiden ja palvelujen suunnitteluvaiheessa, kun tuotannossa tarvittavia materiaaleja ja raaka-aineita määritellään sekä elinkaaren edellytykset asetetaan.

Uusiutumattomien ja erityisesti neitseellisten raaka-aineiden ja materiaalien osuus tuotannossa tarvittavista on syytä minimoida sekä suosia kierrätettyjä, biopohjaisia ja biohajoavia vaihtoehtoja. Siirtämällä kulutustasi kierrätettyihin raaka-aineisiin kasvatat myös välillisesti kiertotalouspalveluiden kysyntää ja vähennät painetta neitseellisten raaka-aineiden hankintaan. Samalla ennakoit toimintaympäristössä odotettavia muutoksia: Suomessakin on esimerkiksi selvitetty mahdollisuuksia erilaisten kierrätysmateriaalien käyttöosuus-velvoitteisiin.

Kestäviäkin materiaaleja tulee tuotannossa käyttää mahdollisimman tehokkaasti. Voit esimerkiksi päivittää tuotesuunnitelmia raaka-aineita tehokkaammin hyödyntäviksi, siirtyä tehokkaampiin tuotanto-tekniikoihin tai yhdenmukaistaa raaka-aine- ja materiaalivalintoja, jolloin niitä voidaan käyttää useampien tuotteiden tuotantoon.

Raaka-aineiden ja materiaalien lisäksi tuotteesi elinkaari on avainasemassa sen ympäristövaikutusten hillitsemiseksi. Mitä pidempään se kestää käyttöä, sitä vähemmän uusia materiaaleja tarvitaan ja jätettä syntyy. Voitko siis suunnitella tuotteesi kestämään käyttöä entistä kauemmin? Entä onko tuotteesi korjattavissa? Löytääkö käyttäjä siihen tarvittavia osia ja osaamista? Liiketoimintamallisi päivittäminen tarjoamalla tuotettasi palveluna voi tasapainottaa siirtymistä tarjonnassa määrästä laatuun.

Minimoi, lajittele ja kierrätä

Jätettä voi syntyä yrityksellesi tarpeettomaksi jääneistä tarvikkeista, pilaantuvista tai käyttämättömistä raaka-aineista, käytetyistä pakkausmateriaaleista, tuotannon sivutuotteena tai myymättömistä tuotteista.

Huolehdi toimintasi jätteistä ja sivuvirroista noudattamalla kestävän jätehuollon periaatteita ylimmästä alkaen:

- Vältä jätteen syntymistä tehostamalla raaka-aineiden käyttöastetta ja optimoimalla hankintoja, suosimalla tarpeetonta pakkaamista ja parantamalla varastonhallintaa.
- Myy tai lahjoita uudelleenkäytettäviksi tarpeettomat käyttökelpoiset tavarat ja materiaalit. Jos ylijäämää syntyy säännöllisesti, kannattaa tutkia uusia tapoja hyödyntää sitä joko kumppanin kanssa tai sisäisesti.
- Lajittele ja kierrättä uusiokäyttöön kelpaamattomat tuotteet ja materiaalit. Varmista että etenkin vaaralliset aineet, joita löytyy monista tavallisistakin toimistotarvikkeista kuten paristoista ja siivouskemikaaleista, käsitellään aina asianmukaisesti ja turvallisesti.
- Polta jäte energiaksi vain, jos aineen kierrätys ei onnistu. Erityisen haastavia ovat useista materiaaleista koostuvat tuotteet, joita ei ole suunniteltu kierrätettäviksi.
- Kaatopaikalle sijoittaminen on viimesijainen keino, jos hyödyntäminen ei ole teknisesti tai taloudellisesti mahdollista.

Jos toimit tiloissa tai alueella, jossa on puutteellinen kierrätysmahdollisuus, ole aktiivinen ja pyydä tilanteen korjaamista vuokranantajalta tai alueen kehittäjältä.

Vaikuta: Vauhdita kiertotalouden toteutumista

Tuote- ja liiketoimintasuunnittelun päivittämisellä voi olla kiertotalouden toteutumiseen merkittävä vaikutus: suunnittelemalla kestäviä, korjattavia ja kierrätettäviä tuotteita tai tarjoamalla tuotteita asiakkaille palveluna voidaan vähentää uusien resurssien tarvetta ja ohjata omaa arvonluontia niiden tuotannon määrästä tuotteiden kestävään käyttöikään ja vaihtoehtoisiin tulovirtoihin.

Voit vauhdittaa kiertotaloutta päivittämällä liiketoimintamallinsa lineaarisesta kertakäyttöön perustuvasta mallista kohti suljettua ja resurssiviisasta kiertoa. Tämä voi tarkoittaa siirtymistä tuotteiden myynnistä palveluiden tarjoamiseen – esimerkiksi vuokraus-, huolto- tai takaisinottojärjestelmiin – tai materiaalien hyödyntämistä uudelleen tuotteissa, tuotannossa tai yhteistyökumppanien kautta.

Kiertotalous edellyttää jo suunnitteluvaiheessa päätöksiä, jotka pidentävät tuotteen elinkaarta, vähentävät jätettä ja mahdollistavat osien korjattavuuden ja kierrätettävyyden. Päivitetty liiketoimintamalli ei ainoastaan vähennä ympäristökuormaa, vaan voi myös tuoda kustannussäästöjä, avata uusia markkinoita ja vahvistaa yrityksen asemaa vastuullisena toimijana.

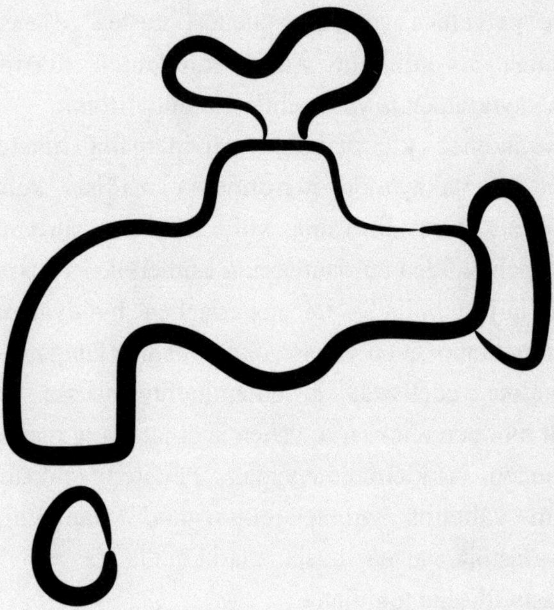

Veden kestävä käyttö

Jos yritys käyttää palvelujen tai tuotteiden tuotannossa merkittävästi vettä, on sen syytä kiinnittää huomiota veden kestävään käyttöön.

Vesivarat jakautuvat maailmanlaajuisesti hyvin epätasaisesti, eikä Suomessa ole tarvinnut huolehtia juuri veden käyttökelpoisuudesta. Ilmastonmuutos tekee kuitenkin veden saatavuus- ja laatuongelmista yhä ajankohtaisempia myös meille, kun sateiden ajalliset ja alueelliset muutokset vaikuttavat pohjavesien laatuun ja määrään.

Hieno lähtötilanteemme mahdollistaa edelläkävijyyden: osana YK:n kestävän kehityksen tavoitteiden toimeenpanoa suomalaisyrityksille on asetettu tavoite tulla maailman vesivastuullisimmiksi vuoteen 2030 mennessä. Vastuullinen vedenkulutus varmistaa, että yritys käyttää vettä paitsi paikallisen ympäristön kannalta kestävästi, myös oikeudenmukaisesti ja kannattavasti.

Sellainen vesistön, rannan, vesiympäristön tai pohjaveden muutoksen aiheuttaminen, josta seuraa haitallinen yleisen tai yksityisen edun loukkaus vaatii Suomessa vesiluvan. Luvan saaminen ei kuitenkaan yksin takaa kestävää vesien käyttöä, vaan yrityksen on syytä tuntea ja ymmärtää veden oton, käsittelyn ja käytöstä poiston kokonaisvaikutukset vesien laatuun ja riittävyyteen. Omien toimipaikkojen lisäksi on aina syytä tarkastella koko valuma-aluetta.

Tunnetko vaikutuksesi vesien laatuun ja riittävyyteen?

Puhtaan veden helppo saatavuus Suomessa saa helposti unohtamaan sen käytön ympäristövaikutukset. Ennen kuin talousvesi on hanassasi, se käy läpi monia energiaa ja kemikaaleja kuluttavia vaiheita raakaveden hankinnasta puhdistukseen, käsittelyyn ja siirtoon. Raakavedestä voi olla alueellisesta pulaa, ja pitkät kuljetusmatkat kasvattavat kuormaa entisestään. Myös käytetyn veden käsittely jätevesilaitoksilla vie osuutensa energiasta ja kemikaaleista. Jätevedet kuormittavat aina vesistöjä asianmukaisesta käsittelystä huolimatta.

Veden käyttö on kuitenkin paljon muutakin kuin vain vesijohtoverkostosta laskettua ja viemäriin johdettua vettä. Myös ostettujen raaka-aineiden, tuotteiden ja palveluiden tuotannossa sekä erilaisissa prosesseissa, erityisesti jäähdyttämisessä ja pesuissa, on voitu käyttää suuriakin määriä vettä. Käy läpi erityisesti kaikkein eniten kuluttamasi tuotteet ja palvelut ja selvitä esimerkiksi vastuullisuusraporteista tai tuotesivuilta huomioivatko niiden tuottajat veden käytön kestävyyden.

Muista aina suhteuttaa veden käytön vaikutukset paikalliseen vesitilanteeseen. Ulkomaisissa toiminnoissa kiinnitä erityistä huomiota korkean riskin toimialueisiin, joissa kärsitään vakavista vesien laatuun ja riittävyyteen liittyvistä ongelmista. Niissä liiketoimintasi vaikutukset vesiin voivat liittyä mm. veden saatavuuteen, työntekijöiden turvalliseen juomaveteen ja sanitaatioon tai vesivarojen hallinnan epävarmuuteen. Alueellisia vesiriskejä voit selata verkon karttapalveluista, joita on mainittu kirjan lopun linkkilistassa.

Käytä vettä vähemmän ja palauta se laadukkaampana

Teet veden käytöstä kestävämpää käytännössä vettä säästävillä, sen kiertoa tehostavilla tai jäteveden laatua parantavilla toimenpiteillä.

Voit parantaa toimintasi vesitehokkuutta minimoimalla veden tarvettasi, eli pienentämällä käyttöön ottamasi veden määrää suhteessa tuotantoon. Käytön minimointi tukee vesien riittävyyttä ja vähentää yrityksen riippuvuutta vesivarannoista. Toinen tapa on vähentää veden kulutusta, eli sitä osaa vedestä, joka ei palaudu käyttösi jälkeen alkuperäiseen lähteeseensä. Kulutuksen minimointi auttaa vesien laadun ylläpitämisessä, sillä vain harvoin käytetty vesi palautuu lähteeseensä moitteettomana.

Kestävämpi veden käyttö edellyttää selkeitä panostuksia ja tavoitteellisuutta. Voit ottaa käyttöön uusia teknisiä parannuksia tai toimintatapoja, kouluttaa henkilöstöä tai muuttaa tuotantoprosesseja, käytettyjä materiaaleja tai raaka-aineita. Yhteistyö julkisen sektorin vesihuollon tai tutkimuslaitosten kanssa voi olla tarpeen erityisesti jos vettä käytetään tai käsitellään uudella alueella tai tavalla.

Äärimmäisessä tapauksessa minimointi voi edellyttää paljon vettä käyttävien toimintojen siirtämistä alueelle, jossa sen kestävä toteuttaminen on mahdollista. Ilmaston lämpeneminen ja veden kierron muutokset voimistavat ongelmia herkillä alueilla. Näihin on syytä varautua etukäteen ja huomioida, että vettä käyttävän toiminnan siirtäminen alueelta toiselle tai sen käsittelyn merkittävät tekniset muutokset ovat usein hitaita toteuttaa ja edellyttävät erilaisia lupa- ja viranomaisprosesseja.

Luonnon monimuotoisuus

Jos yrityksen toimintaan liittyy maa- tai vesialueiden käyttöä, on sen syytä huomioida vaikutukset luonnon monimuotoisuudelle.

Ylikulutus on johtanut luontokatoon eli luonnon monimuotoisuuden köyhtymiseen, jota ilmastonmuutos kiihdyttää. Yrityksillä ei ole varaa jättää tilannetta huomiotta. Liiketoiminta on paitsi riippuvaista luonnonvaroista ja luonnon ekosysteemipalveluista, se voi myös vaikuttaa valinnoillaan luontoon ja sen köyhtymiseen.

Lajien säilymisellä ja luonnon ekosysteemien häiriöttömällä toiminnalla on merkitystä paikallisesti sekä osana laajempien alueiden ekologista verkostoa. Lajien vuorovaikutussuhteet ovat usein monimutkaisia, emmekä vielä täysin ymmärrä, kuinka kauaskantoisia tai peruuttamattomia vaikutuksia niiden häviämisellä voi olla. Seuraukset voivat uhata kokonaisten ekosysteemien toimintaa ja siten mm. luonnonvarojen tai ruoan tuotantoa.

Luonnon tilassa on kuitenkin kyse myös paljon muusta kuin yksittäisistä lajeista tai elinympäristöistä. Ekosysteemien tuottamia aineellisia ja aineettomia ilmaisia hyötyjä ihmiselle kutsutaan ekosysteemipalveluiksi. Niitä ovat esimerkiksi ravinteiden kierto ja maaperän muodostus, veden ja ilman puhdistuminen, yhteyttäminen, rakennusaineet sekä virkistys ja kauneus. Kaikki liiketoiminta on niistä jollain tapaa riippuvaista. Ekosysteemit ja niiden tuottamat palvelut ovat monimutkaisia järjestelmiä, joiden tasapainon järkkyminen voi aiheuttaa paljon näennäistä vahinkoa isompia vaikutuksia.

Puutteellinen ymmärrys luontovaikutuksista näkyy myös niitä ehkäisevien vakiintuneiden toimintamallien puuttumisena. On kuitenkin onneksi olemassa selkeitä oikeasuuntaisia toimenpiteitä, joihin PK-yritys voi ryhtyä.

Tunnetko vaikutuksesi luontoon ja elinympäristöihin?

Saatat kiihdyttää luontokatoa erityisesti maa- ja vesialueiden käytön muutoksilla. PK-yritysten tyypillisiä luontoon vaikuttavia toimia ovat käytännössä metsien uudistamis- ja hoitotoimenpiteet, maa- ja vesirakentaminen sekä ojitukset. Voimakkaita vaikutuksia on myös luonnonvarojen suoralla hyödyntämisellä kuten, turpeenotolla ja kaivannaistoiminnalla. Yksinkertaisimmillaan maankäyttö on kiinteistön viheralueiden käyttöä, hoitoa ja rakentamista. Mitä suurempaa ja monipuolisempaa aluetta liiketoiminnassa hyödynnät, sitä enemmän myös vaikutat luonnon monimuotoisuuteen.

Erityistä huomiota riskien ja haittojen tarkastelussa edellyttää maa- tai vesialueen käyttö erityisten herkillä alueilla tai niiden läheisyydessä. Yrityksesi luontovaikutusten tunnistaminen kannattaakin aloittaa tarkistamalla, on hallinnoimienne alueiden välittömässä läheisyydessä suojeltuja tai herkkiä alueita, joilla on uhanalaisia luontotyyppejä tai lajeja.

Toimintasi voi myös vaikuttaa lajien tilaan, kuten lajien populaatioiden kokoon ja sukupuuttoriskiin suoraan esimerkiksi kalastamalla, tai välillisesti elinympäristöjen pirstaloitumisen tai pienenemisen myötä. Elinympäristöjen tilaan ja laajuuteen vaikuttavat myös maan köyhtyminen ja maaperän peittäminen.

Seurauksena on elinympäristöjen tilan heikkenemistä tai häviämistä, maaperän köyhtymistä, metsäkatoa sekä lajiston häviämistä. Joissakin tapauksissa, esimerkiksi kansainvälisessä tavaraliikenteessä, myös vieraslajien kulkeutuminen alueelle on potentiaalinen riski.

Älä heikennä luonnon tilaa

Luonnon tilan heikennyksiä tulee ensisijaisesti välttää ja vasta toissijaisesti minimoida. Voit hallita vaikutuksiasi luontoympäristöön parhaiten uusien hankkeiden suunnitteluvaiheessa. Esimerkiksi rakentamisen huolellinen sijoittelu, tehokas maankäyttö ja erillisiä luontoalueita yhdistävien reittien ja alueiden säilyttäminen auttavat välttämään monimuotoisuuden ja elinympäristöjen heikentämistä.

Luontoon vaikuttavan toiminnan aikana ja sen päätyttyä on hyvä tehdä haitallisia vaikutuksia lieventäviä toimia, joilla tuetaan luonnon säilymistä ja selviytymistä alueella. PK-yrityksen käytännön toimenpiteet voivat olla esimerkiksi maa- ja vesialueiden sekä luonnonvarojen käytön tehostamista, monimuotoisuutta säilyttäviä tai parantavia viljely- tai metsänhoitomenetelmiä sekä jo rakennettujen alueiden ja rakennusten hyödyntämistä uudisrakentamisen sijaan elinalueiden pirstaloitumisen estämiseksi. Toiminnan päätyttyä alue tulee ennallistaa mahdollisimman hyvin.

Luontovaikutusten paikallisen luonteen vuoksi haittojen minimoiseksi voi olla kannattavaa tehdä yhteistyötä lähialueen muiden yritysten ja yhteisöjen kanssa, esimerkiksi viheralueiden tai -kattojen lisäämiseksi.

Vaikuta: Paranna luonnonympäristön tilaa

Yritysten luontotyön kysyntä ja ennen pitkää myös vaatimukset rahoittajilta, sijoittajilta sekä EU:n ja kansallisesta lainsäädännöstä kasvavat. Luonnon monimuotoisuutta edistävä työ voi tuoda kilpailuetua ja mainehyötyjä jo lyhyellä aikavälillä.

Positiiviset ympäristövaikutukset edellyttävät sitoutumista luonnon monimuotoisuuden ja elinympäristöjen tilan edistämiseen. Sitoumuksen ympäristön tilan parantamiseksi pitää olla uskottava ja perustua vaikuttavista toimista koostuvaan suunnitelmaan.

Luonnonsuojelulaki mahdollistaa vapaaehtoisen ekologisen kompensaation, jolla tarkoitetaan eliölajeille ja luontotyypeille aiheutettavien haittojen hyvittämistä parantamalla niiden tilaa toisaalla. Hyvittäviä toimenpiteitä ovat heikentyneen alueen ennallistaminen, luontotyypin tai eliölajin elinympäristön kasvattaminen ja elinympäristön laadun parantaminen. ELY-keskus antaa lausunnon toimenpiteillä tuotettavien luonnonarvojen laadusta ja määrästä, päättää hyvityksen korvaavuudesta ja tallentaa tiedot rekisteriin.

Pilaantumisen ehkäisy

Ympäristön pilaantuminen johtuu aineen, energian, melun, tärinän, säteilyn, valon, lämmön tai hajujen haitallisista päästöistä. Se voi heikentää luonnon monimuotoisuutta, vaarantaa ihmisten terveyden, vähentää luonnonvarojen käyttökelpoisuutta sekä aiheuttaa taloudellisia menetyksiä esimerkiksi maataloudessa ja kalastuksessa.

Ilmansaasteet, merkittävimpinä pienhiukkaset ja raskasmetallit, aiheuttavat vuosittain jopa 2 000 ennenaikaista kuolemaa Suomessa. Ne aiheuttavat myös rakennetun ympäristön materiaalivahinkoja sekä happamoitumista ja rehevöitymistä. EU:ssa merkittäviä sääntelemättömiä ilman päästöjä ovat puun pienpolton, katupölyn ja tieliikenteen päästöt.

Vesialueilla riskit liittyvät ennen kaikkea maatalouteen, jonka ravinnevalumat ovat suurin rehevöitymistä aiheuttavien typen ja fosforin lähde. Myös metsätalouteen, kaivoksiin ja turvetuotantoon liittyy merkittävä riski vesien kuormitukseen.

Maaperän saastumisen syynä ovat pääasiassa puutteellinen jätehuolto ja haitta-aineiden virheellinen käyttö teollisuudessa tai palvelualoilla. Raskasmetalleja ja haittayhdisteitä, kuten palonestoaineita ja lääkeaineita, voi päätyä maahan maatiloilta. Maaperän päästöjen aiheuttamat muutokset ilmenevät usein hitaasti. Vakavimmissa tapauksissa haitalliset aineet voivat haitata ruoantuotantoa, heikentää pohjaveden laatua, tai johtaa alueen asuinkelvottomuuteen.

Suomen ympäristölainsäädäntö ja -lupamenettelyt pyrkivät minimoimaan liiketoiminnasta aiheutuvat haitalliset päästöt. Kynnykset menettelyihin ylittyvät, jos vaarana on aiheuttaa ympäristölle merkittävää haittaa. Kestävä yritys selvittää kuitenkin myös ei-luvanvaraisissa tilanteissa huolellisesti toimintansa riskit ja minimoi haitat.

Minimoi haitallisten päästöjen riskit

Pilaantumista aiheuttavien päästöjen suhteen tulee noudattaa lieventämishierarkiaa. PK-yrityksen tulisi ensisijaisesti välttää niitä esimerkiksi poistamalla käytöstä sellaisia materiaaleja, yhdisteitä tai menetelmiä, joilla on haitallisia vaikutuksia. Jos täysimittainen poistaminen ei ole mahdollista, on toissijainen ja tärkeä keino minimoida käyttö sekä aktiivisesti seurata käytettävissä olevien vähemmän haitallisten vaihtoehtojen kehitystä.

Haitallisia ympäristövaikutuksia aiheuttavien aineiden osalta on oltava erityisen tarkkana jätteiden ja jätevesien asianmukaisesta käsittelystä viranomaisohjeiden mukaan. Kouluta henkilöstö ymmärtämään toimintaan liittyviä päästöriskejä sekä toimimaan myös erilaisissa poikkeustilanteissa. Tee huolellisista käytännöistä osa päivittäisiä toimintatapoja ja varmista, että uudet työntekijät perehdytetään niihin.

Ole riskien pienentämisessä huolellinen varautumalla myös odottamattomiin tilanteisiin, häiriöihin ja päästöonnettomuuksiin, jossa ainetta tai muita päästöjä voi päästä suuriakin määriä yrityksesi toimintaympäristöön.

Tyypillisesti riski ympäristöhaittoihin on korkeampi tuotannon tapahtuessa vähemmän säännellyissä tai vaikeasti valvottavissa oloissa. Sopimuskumppaneidesi toimialat ja -alueet auttavat hahmottamaan riskien todennäköisyyttä. Esimerkiksi vaateteollisuus, maatalous, rahoitusala, kaivannaiset ja mineraalit kuuluvat korkean riskin toimialoihin, joihin on syytä kiinnittää erityistä huomiota. Niissä liiketoiminnan vaikutukset vesiin voivat liittyä mm. työntekijöiden turvalliseen juomaveteen ja sanitaatioon. Toimittajien toiminnan vaikutuksiin ja huolellisuuteen riskien minimoinnissa voi tutustua niiden vastuullisuusraporteista sekä hyödyntämällä verkosta löytyviä riskityökaluja.

LOPUKSI

Jälkisanat

Yritysvastuu tuo PK-yritykselle konkreettisia hyötyjä, jotka tukevat sekä liiketoiminnan kestävyyttä että kilpailukykyä. Vastuullinen toiminta vahvistaa asiakasluottamusta, erottaa yrityksen edukseen markkinoilla ja voi helpottaa pääsyä uusiin kumppanuuksiin, rahoitukseen ja julkisiin hankintoihin. Samalla se auttaa hallitsemaan riskejä, kuten ympäristövastuuseen, työturvallisuuteen tai toimitusketjuihin liittyviä ongelmia.

Vastuullisuuteen panostaminen lisää henkilöstön sitoutuneisuutta ja houkuttelee osaajia, mikä on PK-yritykselle usein ratkaisevaa kasvun ja jatkuvuuden kannalta. Yritysvastuu ei siis ole vain kuluerä tai velvoite, vaan investointi tulevaisuuteen.

Kirjassa on esitelty hallinnollisen, sosiaalisen ja ympäristövastuun alueilta yhteensä 17 teemaa. Kaikki niistä eivät ole yhtä tärkeitä yrityksellesi, vaan huomio kannattaa keskittää aiheisiin, joihin toiminnallasi on suurin vaikutus. Olennaisimpien teemojen tunnistamiseksi kannattaa pohtia:

- Asiakkaan odotuksia: Mitkä aiheet ovat asiakkaillesi tärkeitä? Mitä panostuksia he arvostavat?
- Riskejä: Mitkä teemat ovat kriittisiä toimintasi jatkuvuudelle? Mitä et voi jättää huomiotta?
- Kilpailua: Mihin kilpailijasi keskittyvät? Onko yrityksesi syytä yltää vähintään samalle tasolle tai jopa ylittää se?

Tässä kirjassa kuvattu testi auttaa palaamaan teemojen pariin ja seuraamaan kehitystäsi. Kestävä yritys on liikkuva maali, johon kaikki lähtevät takamatkalta. Tärkeintä on lähteä liikkeelle. Haluamme toivottaa sinulle myötätuulta tälle matkalle.

Perehdy syvällisemmin

Olemme koostaneet tähän muutamia toimijoita ja sivustoja, jotka avaavat kestävyysteemoja monipuolisemmin ja syvällisemmin, kuin olemme tässä kirjassa käsitelleet. Syventävää tietoa löytyy verkosta valtavasti. Kuten missä tahansa tiedossa, on tärkeää suunnata luotettavan, ajantasaisen ja alan auktoriteettien tarjoaman tiedon lähteelle. Suorat linkit tuppaavat usein vanhentumaan nopeasti, joten suosittelemme hakemaan tietoa mainituista lähteistä ja hakusanoista.

Kestävä kehitys yleisesti

YK:n kestävän kehityksen tavoitteista (tunnetaan myös Agenda 2030 -nimellä) ja Donitsitaloudesta löytyy tietoa esimerkiksi Valtioneuvoston kanslian ylläpitämältä Suomen kestävän kehityksen toimikunnan sivuilta: www.kestavakehitys.fi

Planeetan rajoihin liittyvästä päivittyvästä tutkimuksesta ja rajojen tilasta löytyy tietoa Tukholman yliopison Stockholm Resilience Centren sivustolta: www.stockholmresilience.org

YK:n Global Compact on yritysvastuualoite, joka perustuu kymmeneen yrityksiä koskevaan periaatteeseen, joiden noudattaminen on hyvä lähtökohta kestävään toimintaan: www.globalcompact.fi

FIBS (Finnish Business & Society) on Pohjoismaiden suurin yritysvastuuverkosto, joka järjestää tilaisuuksia ja koulutuksia, tarjoaa työkaluja sekä uutisoi yritysvastuun kehityksestä: www.fibsry.fi

Kansainvälisiin toimitusketjuihin ja kumppanuuksiin liittyviä riskejä voi kartoittaa esimerkiksi CSR Netherlands:in ja Hollannin ulkoasiainministeriön kehittämällä CSR Risk Check -työkalulla: www.mvorisicochecker.nl/en

Hallinnollinen vastuu

Alma Insightsin Tunnuslukuopas kuvaa hyvin taloudellisten tunnuslukujen mittareita, niiden laskentakaavoja ja tulkintaa: www.almainsights.fi/tunnuslukuopas/

Tietosuojavaltuutetun verkkosivut kuvaavat tietosuojalainsäädännön vaatimuksia ja hyviä käytäntöjä tietosuojasta huolehtimiseen: www.tietosuoja.fi

Väärinkäytösten ehkäisystä, toimintaohjeista ja oikein toimimisen kulttuurista löytyy tietoa Code of Conduct Companyn sivuilta: www.codeofconduct.fi

Sosiaalinen vastuu

Työoloihin, työnantajan velvollisuuksiin, työturvallisuuteen, hyvinvointiin ja työsopimusasioihin liittyvää ohjeistusta löytyy kattavasti Työsuojeluhallinnon verkkosivuilta: www.tyosuojelu.fi

Monipuolista tietoa ihmisoikeuksista, niiden nykytilasta ja edistämisestä löytyy esimerkiksi Ihmisoikeusliiton ylläpitämältä verkkosivulta: www.ihmisoikeudet.net

Kilpailu- ja kuluttajaviraston sivuilta löytyy kattavasti tietoa kuluttajansuojasta, markkinoinnista ja sopimusasioista sekä toimintaohjeet yrityksille: www.kkv.fi

Ympäristövastuu

Tietoa ilmastonmuutoksesta löytyy kattavasti Ilmatieteen laitoksen, Luken ja Ympäristökeskuksen yhdessä ylläpitämästä Ilmasto-oppaasta: www.ilmasto-opas.fi

Tieteeseen perustuvien päästövähennysten tekemisestä ja nettonollatavoitteista voit lukea tarkemmin esimerkiksi Science-Based Targets initiativen sivuilta: www.sciencebasedtargets.org/

Kiertotaloudesta löytyy laajasti tietoa ja toimialakohtaisia esimerkkejä Ellen MacArthur Foundation -yhteisön sivuilta: www.ellenmacarthurfoundation.org

Kotimaista kiertotaloustietoa, -työkaluja ja esimerkkejä on saatavilla Motivan ja Suomen Ympäristökeskuksen sivustolta: www.kiertotaloussuomi.fi

Vesien tilaan ja kestävään käyttöön liittyvää tietoa on koottu kattavasti Suomen ympäristökeskuksen, ELY-keskusten, Ilmatieteen laitoksen ja Tulvakeskuksen sivustolle: www.vesi.fi

Ympäristöön, luonnonvarojen kestävään käyttöön sekä esimerkiksi jätteisiin ja päästöihin liittyvää tietoa on tarjolla kattavasti kansallisella ja alueellisella tasolla ympäristöhallinnon verkkopalvelussa: www.ymparisto.fi